James Jennings

George

Seelentrost von einem kleinen Engel auf Erden

Aus dem Amerikanischen
von Veronika Cordes

Knaur
MensSana

Die amerikanische Originalausgabe erschien 1994 unter dem Titel *Big George – The Autobiographie of an Angel* bei Hay House, Inc.

Besuchen Sie uns im Internet:
www.droemer-knaur.de

Vollständige Taschenbuchausgabe 2003

Umschlaggestaltung: ZERO Werbeagentur, München
Umschlagabbildung: zefa visual mediagroup, Düsseldorf/Graphistock
Satz: Ventura Publisher im Verlag
Druck und Bindung: Nørhaven Paperback A/S
Printed in Denmark
ISBN 3-426-87196-3

2 4 5 3 1

»Große Taten können wir nicht vollbringen,
Nur kleine, mit großer Liebe.«
Mutter Teresa

»Liebet einander ...«
George

Im Baby-Himmel

Ich kannte dich,
ehe ich dich im Mutterleibe bereitete,
und sonderte dich aus,
ehe du von der Mutter geboren wurdest.
Jeremia 1, 5

»Flügel bekommt ihr erst«, sagte unser Vater zu mir und weiteren Baby-Engeln im himmlischen Kindergarten, der abseits vom eigentlichen Himmel gelegen ist, »wenn ihr erfolgreich eine Lehre durchlaufen habt. Aus diesem Grund werden uns einige von euch verlassen und aus dem Fleisch irdischer Mütter und Väter geboren werden. Damit das, was ihr seid, Boten des Himmels nämlich, sich in menschlicher Gestalt offenbart. Ihr werdet weiterhin Engel sein, in eurem Erscheinungsbild jedoch Menschen gleichen.«

Ein Baby-Engel, der mein Freund war, vertraute mir überglücklich an: »Meine Erden-Eltern erwarten mich bereits. Ich kann hören, wie sie Pläne schmieden. Pat, so heißt meine Mom, hat gesagt, wenn ich ein Mädchen werde, soll ich den Namen Heide-Marie erhalten. Und Dad sagt, wenn ich ein Junge werde, möchte er mich Jalil Damon nennen. Das bedeutet ›großer Freund‹, sagt Dad.«

Und *Plopp!* war der Baby-Engel abgetaucht, noch ehe ich Gelegenheit hatte, ihm zu sagen, daß mir beide Namen gefallen. Nicht weiter tragisch. Vielleicht sehen wir uns ja auf der Erde wieder. Wenn nicht, dann eben, wenn wir beide im Himmel zurück sind.

Unsere Körper sind noch nicht gezeugt worden. Vater erzählt uns – und dabei lächelt er vor sich hin –, daß wir vorläufig noch ein Funkeln in den Augen unserer Väter sind, was immer das bedeutet. Abwarten, sagt Vater.

Ein Schutzengel, der im Baby-Himmel aufpaßt, hat gesagt, ich würde ein Unfall sein. Als ich den Engel fragte, was ein Unfall ist, gebot ihm Vater zu schweigen, und zu mir meinte er, daß einige Engel schrecklich vorlaut wären.

Ich freue mich natürlich wahnsinnig, daß meine Lehrzeit auf der Erde stattfindet, obwohl ich dem Himmel nachtrauern werde. Trauern ist etwas, das mir ein anderer Schutzengel erklärt hat: ein Gefühl. Wie mir der Engel erzählte, hatte er seine Lehre auf der Erde absolviert, und als menschliches Wesen würde man es immer wieder mit allerlei Gefühlen zu tun bekommen. »Als Mensch sind dir zwar nur sieben Bahnen des Erdenmondes beschieden, dafür aber ist die Spanne deines menschlichen Lebens um so kostbarer und mitentscheidend für das Leben vieler ...«

Vater war dazwischengefahren.

»Ich allein zähle die Tage des Menschen, mein Kind«, hatte er den Engel zurechtgewiesen, worauf dieser wie die abtauchende Sonne errötet und entschwunden war.

Daraufhin sagte Vater zu mir: »Menschliches Leben, mein kleiner Engel, wird nicht nach der Mondbahn bemessen; es wird vielmehr bestimmt durch die Kraft der menschlichen Liebe und göttliche Vorsehung.«

Liebe, das verstand ich – Vater ist Liebe. Kraft? Vaters Lächeln war mir Antwort genug. Ich fragte ihn nach diesen Mondbahnen, aber er tat die Worte des Engels als törichtes Geschwätz ab. »Dummes Zeug, mit dem sie auch mich hier oben behelligen«, schmunzelte er nachsichtig. »Durch ihr Leben als Mensch nehmen meine Sendboten Gewohnheiten an, die ihnen häufig nur schwer wieder auszutreiben sind.«

»Werde ich nach dem Ende meiner Lehre auch mit solchen Gewohnheiten zurückkehren, Vater?«

Vater berührte mich, und ich erglühte. »Nein, mein Kind. Ich habe den Menschen mit vielerlei Gaben ausgestattet. Leider neigt er in jüngster Zeit dazu, sich von seinem Verstand in die Irre führen zu lassen, anstatt auf die Stimme seines Herzens zu hören. Deshalb habe ich dich auserwählt, den Menschen daran zu erinnern, daß alle Kraft einzig und allein aus dem Herzen kommt.

Mich! Ein Engel mit Sonderauftrag. »Ich werde deinem Wunsch entsprechen, Vater.«

»Der Augenblick ist nahe, Kind.« Vater erteilte mir noch ein paar letzte Anweisungen.

Das *Plopp!* kitzelte. Aha, das also ist Dunkelheit.

Kuschelig.

Mutter fühlt sich gut an. He, gefällt mir, Mensch zu werden.

Sechs Monate später

Denn du hast meine Nieren bereitet
und hast mich gebildet im Mutterleib.
Psalm 139, 13

Erster Tag

Was für ein Erlebnis! Ich kann bereits deutlich Stimmen unterscheiden. Bin ich jetzt sozusagen auf der Welt?
»Sie haben einen süßen kleinen Jungen, Sharon.«
»Ist er gesund, Doktor?« Klingt ein bißchen ungewohnt, aber keine Frage, das ist Mutter.
Ein Junge bin ich? Dann bin ich jetzt wohl tatsächlich ein Mensch.
»Winzig ist er, Sharon. Sobald wir ihn saubergemacht haben, kommt er zum Aufwärmen in einen Brutkasten. Keine Angst, wir kümmern uns nach besten Kräften um ihn. Hazel, abtupfen und wiegen.«
Eigenartig, das alles. Keineswegs das, worauf man mich vorbereitet hat. *Irgendwas stimmt da nicht.* Vater hat gesagt, Menschenbabies schreien bei der Geburt. Warum schreie ich nicht? Weil ich ein Engel bin und Engel nicht schreien? Ich wünschte, ich wäre noch in Mutter drin, sie reden viel, wovon ich nichts verstehe.
»Knapp über eineinhalb Pfund, Doktor!« Eine weibliche Stimme,
»Wir legen ihn in einen Inkubator, Sharon.«
Wieder die Stimme, die ich als erste deutlich gehört habe, »Und dann heißt's abwarten, wie sich die Dinge entwickeln.«
»Darf ich ihn mal halten, Doktor?« Mutter.
»Natürlich, Sharon. Hier, nehmen Sie ihn ein Weilchen. Wissen Sie schon, wie er heißen soll?« Der Mann, den Mutter ›Doktor‹ nennt. »George.«

Ich spüre Mutter. Nur, daß sich das diesmal anders anfühlt. *»Du wirst die Berührung deiner Mutter erkennen«, hat Vater gesagt. »Du bist das Fleisch deiner Mutter und deines Vaters auf Erden. Du bist der Geist von mir, deinem himmlischen Vater.«* Jetzt, da Mutter mir ganz nah ist, geht es mir besser.

Und schon wieder ist Schluß damit, dafür spüre ich ein Schaukeln, fast so wie damals, als Mutter mich in sich trug, doch irgendwie anders.

»Besteht Hoffnung für ihn, Doktor?« Eine Frauenstimme.

»Hoffnung immer, Maggie. Schließen wir ihn an Sauerstoff an und verfolgen seine Atemtätigkeit. Unterdessen setze ich mich mit der Klinik für Frühgeburten in Verbindung, damit die ihn abholen ..., falls er so lange durchhält.«

»George, hm?« Die Stimme, die zu Maggie gehört. »Na, du kleiner Mann, warum nicht Big George? Würde dir das gefallen?«

Ich bin mir nicht ganz sicher, was *big* bedeutet, klingt aber durchaus passabel. Wenn Vater doch nur hier wäre! Ich bin verunsichert.

»Ich bin hier, George.«

»Vater! Was machen die mit mir? Ist denn das alles nötig, wenn man ein Mensch wird? Ich dachte, Babies kommen ganz einfach auf die Welt und werden umsorgt von mütterlicher Liebe, krähen und quäken und schlafen viel und nuckeln warme Milch. Man hat mich Mutter wegge...«

»Immer mit der Ruhe, George. Denk' daran, daß du mein Abgesandter bist; du bist mehr Engel denn Mensch.«

»Na ja, Vater, jetzt wo ich weiß, was es damit auf sich hat,

hätte ich mich, wenn du mir die Wahl gelassen hättest, anders entschieden. Was stellen die bloß mit mir an?«

»Eins nach dem anderen, George. Erstens einmal bist du Mensch genug, um eine Entscheidung zu treffen. Selbst als Engel kannst du wählen. Erinnerst du dich an Luzifer? Es stand ihm frei zu wählen, und er hat sich für das Böse entschieden. Manchmal drängt es mich zu sagen: ›Tu's auf meine Weise oder laß es bleiben‹, aber so uneingeschränkt autoritär bin ich eben nicht, mein Kind, und ich habe auch nicht vor, mich zu ändern. Zweitens: Du liegst in einem Brutkasten. Mit einfachen Worten ausgedrückt: eine Umgebung, die in etwa dem Bauch deiner Mutter entspricht. Du hast es mollig warm dort, und zudem wird die Atemtätigkeit deines menschlichen Körpers unterstützt. Du bist drei Monate – Erdenzeit – zu früh auf die Welt gekommen und brauchst das.«

»Zu früh auf die Welt gekommen, Vater!?«

»Ja, Kind. Meine Botschaft liegt mir am Herzen, und ich wollte, daß du sie so schnell wie möglich überbringst. Aber jetzt muß ich dich allein lassen. Halte dich an meine Anweisungen. Im Notfall, George, kannst du über das Gebet zu mir sprechen, so wie alle meine Menschenkinder, die mir zugetan sind. Übrigens ..., dein Menschenname gefällt mir. Paßt zu dir.«

»Paßt zu mir, Vater?«

»Ja«, sagte Vater. »Big George.« Er blinzelte mir zu und verließ mich, ohne mir zu erklären, was ein *Notfall* ist.

»Bill, hier spricht Jack aus Tupelo. Wir haben einen Notfall für euch und brauchen einen NAW für einen Transport ins Bezirkskrankenhaus. Verlegung einer Frühgeburt

von eineinhalb Pfund, bis auf das Herz eigentlich ganz gesund. Name des Patienten: Hawkins, der der Mutter Sharon Hawkins ... Na großartig! Engel Zwo ist hier in der Gegend? Prima. Wir sind bereit, sobald Engel Zwo hier auftaucht. Bis dann, Bill.«
Das war die Stimme des hiesigen Doktors. Meine Mutter heißt also Sharon Hawkins. Und jetzt weiß ich auch, was ein Notfall ist – ich bin einer! Engel haben sie? Er sagte, einer ist hier in der Gegend.
»Wir legen einen Vierer-Nabelkatheder, Charlie.«
Nicht so behaglich hier drin wie bei Mutter, aber besser als dort, wo ich vorher war. Ich bin schläfrig ...
Aua! Was um Himmels willen war das? Mein Bauch! So vieles geschieht hier, wovon Vater kein Wörtchen hat verlauten lassen. Aber ich bin ein Abgesandter, und vielleicht unterliegen Engel mit Sonderauftrag anderen Bedingungen. Ich ahne schon, daß es als Engel und Mensch zugleich alles andere als einfach sein wird. Die Versuchung überkommt mich, Protest anzumelden, aber das schickt sich nicht ... glaube ich jedenfalls. Versuchung. Vater hat diese Regung so erklärt, daß wir als Menschen ständig mit dem Gedanken spielen würden, etwas zu tun, was wir unterlassen sollten.
»So, kleiner Mann, das wird helfen, dein Herz zu beruhigen. Schlaf jetzt ein bißchen.«
Ich muß geschlafen haben. Himmel! Was ist das für ein Lärm? So etwas habe ich noch nie gehört. Klingt wie das Jaulen einer Sternschnuppe. Wo bin ich?
»Bezirkskrankenhaus, hier Engel Zwo. Wir haben hier eine Frühgeburt, Zustand kritisch.«

»Können Sie uns Ihre ungefähre Ankunftszeit nennen?«
Was für eine merkwürdige Stimme! »In zehn bis zwölf Minuten.«
»Wir halten die hintere Anfahrtzone für Sie bereit, Engel Zwo.«
»Verstanden, Ende ... Wie geht es ihm, Doktor?«
»Hält sich. Allerdings mehr schlecht als recht. Ist ein Wunder, daß dieser Winzling je zu atmen angefangen hat. Kann von Glück reden, wenn er den Tag übersteht.«
Nun, Doktor, wenn ich einen Tag brauche, um Vaters Botschaft zu überbringen – oder zwei Tage oder wie lange auch immer –, dann kannst du sicher sein, daß ich mich halten werde, wie du es nennst.
Dieser Engel hat wirklich einen ausgefallenen Namen. Engel Zwo. Und ich hatte mir eingebildet, jeden im Himmel zu kennen. Wo ist meine Mutter? *Würde mir vielleicht jemand mal sagen, was eigentlich los ist?!*
Ob ich, wenn ich ein bißchen herumstrample wie im Bauch meiner Mutter, Aufmerksamkeit errege?
»So ist's recht, kleiner Bursche. Strample nur. Stört dich etwa unsere Sirene?« Daher also dieser Krach. Sirene? Sagt mir nicht viel. »Hast wohl Sehnsucht nach deiner Mutter.« *Und wie, das kannst du mir glauben!* »Sie und dein Daddy kommen dich bestimmt bald besuchen.«
Gut, daß ich das letzte halbe Jahr über ihre Sprache gepaukt habe, sonst würde ich kein Wort von dem verstehen, was sie sagen. Die Himmels-Sprache ist besser. Keine Verständigungsschwierigkeiten, und was wir reden, klingt wie Musik.
Jede Menge unbekannte Leute um mich herum. Mutter

fehlt mir sehr. Gut, daß man mir auch dieses Gefühl im Himmel erklärt hat, sonst wüßte ich nicht, was ich empfinde. Was ist das? Mein Bauch hat soeben einen Purzelbaum geschlagen.
»Wir legen ihn am besten neben Jalil.«
Jalil! Mein Freund ist also ein Junge geworden. Wenn Jalil hier ist, muß alles seine Richtigkeit haben. Ist er etwa auch zu früh gekommen? Ich weiß, daß er den Baby-Himmel vor mir verlassen hat, erinnere mich aber nicht, wie lange vor mir. Zeit spielt im Himmel keine Rolle. Wenn Vater sich nicht auf die Gepflogenheiten seiner Menschenkinder einstellen müßte, wäre der Begriff Zeit im Himmel wahrscheinlich überhaupt kein Thema. Ha! Ich rede, als wäre ich noch immer dort oben.
Hallo, Jalil. Keine Antwort. Er scheint zu schlafen, denn eigentlich dürfte ihm die Himmelssprache nicht abhanden gekommen sein. Ich werde es später noch mal versuchen.
Ich fühle mich nicht wohl. Ich glaube nicht, daß mir dieser Körper paßt. Zu eng, wie die Menschen sagen. Als ich in Mutter heranwuchs, jammerte sie ständig, daß ihr nichts mehr paßt, daß ihre Kleider zu eng sind und sie sich deshalb nicht wohl fühlt. Genau so fühlt es sich in meiner Brust an. Als wäre sie für mein Herz zu eng. Autsch! *He, aufhören! Autsch! He, könnt ihr denn nicht Gedanken lesen! Aufhören, hab ich gesagt! Das tut doch weh – autsch!* Wieder überkommt mich dieses Gefühl ... Ich möchte etwas tun, was ich nicht soll.
»Tut mir leid, mein Kleines, wenn ich dir ein bißchen wehtun muß«, sagt eine wunderschöne Stimme. »Aber wir wollen dir helfen. Ich bin Susan, deine Krankenschwester,

mein Schatz. Noch ein letzter kleiner Piekser, und dann wirst du schlafen und weniger Schmerzen spüren.«

Wehtun. Schmerzen. Ich lerne ihre Wörter.

»Sie verstehen es wirklich, mit den Kleinen umzugehen, Susan.«

»Ich habe Ihnen doch gesagt, Dr. Miles, daß Babies es gern haben, wenn man mit ihnen spricht.«

In ihrer Stimme funkelt es golden. Ich mag diese Susan. Klasse, daß sie dem Doktor an meiner Stelle klarmacht, daß ich ein Mensch bin, und daß, wie Vater sagt, Menschen es mögen, wenn man mit ihnen redet.

Ich spüre, daß Susan sich von mir wegbewegt. »Jalil, gleich neben dir liegt ein neuer kleiner Freund«, sagt sie. »Eigentlich heißt er George, aber eine Krankenschwester auf der Entbindungsstation hat ein ›Big‹ davorgehängt.«

Eine Krankenschwester scheint so etwas wie ein Schutzengel zu sein, nach irdischer Art. »Armes Schätzchen. Aber keine Sorge, deine Eltern sind bereits auf dem Weg hierher, zu dir.«

Ich sollte sie nach meinen Eltern fragen. *Und was ist mit meinen, Susan?*

Susan lacht auf.

»Ich muß schon sagen, Susan, Ihre herzerfrischende Art den kleinen Würmchen gegenüber ist ein wahrer Lichtblick auf dieser Station. Was aber hat dieses plötzliche Auflachen zu bedeuten?« Wieder die Stimme von Dr. Miles. Auch er ist fröhlich.

»Verzeihung, Dr. Miles. Aber eben, als ich mit Jalil gesprochen habe ...« Sie lacht noch immer. »Nun ja, ich könnte schwören, daß da Big George sagte: ›Und was ist mit meinen, Susan?‹ So, als wollte er sich nach seinen Eltern erkundigen. Okay, war albern von mir. Zu viele Dienststunden, zu viele Babies.« Wieder lacht sie auf.

Na, ist das nichts? Langsam frage ich mich, ob nicht doch jemand auf Erden die Sprache der Engel versteht. Zumal Vater gesagt hat, liebevolle Menschen könnten sehr wohl seine Engel hören.

Zweiter Tag

Jalils Eltern sind gekommen. Meine nicht. Ich höre, wie sie sich mit einem Doktor und Susan unterhalten.

»Jim ... Pat. Ich bin Dr. Miles, Chefarzt der Säuglingsstation. Susan haben Sie ja bereits kennengelernt.«

»Ja. Freut mich, Doktor. Susan hat uns herumgeführt, die Waschgelegenheiten gezeigt und wo die Kittel sind, und sie hat uns ein bißchen was über die Klinik erzählt. Ich ahnte gar nicht, daß so viele Babies hier sind.«

»Im Schnitt etwas mehr als fünfzig. Sie werden uns aus vier Staaten geschickt. Wie man mich informiert hat, sind Sie und Pat aus Dallas.«

»Ja. Und bestimmt wissen Sie auch, daß unser Sohn in Jackson, Tennessee, geboren und am nächsten Tag hierher verlegt wurde. Wir waren auf dem Weg nach Georgia. Ich bin Schriftsteller und halte Vorträge und Lesungen und muß von Berufs wegen viel herumreisen. Welche Chancen rechnen Sie sich für unseren Sohn aus?«

»Er ist, wie man Ihnen schon gesagt hat, sehr krank. Offen gestanden, Jim, sind wir uns trotz eingehender Untersuchungen noch nicht sicher, womit genau wir es zu tun haben. Ich tippe auf eine schwere Lungenentzündung. Und das könnte problematisch werden.«

»Problematisch inwiefern, Doktor?« Eine Frau, Pat? Die Stimme gefällt mir. Entzückend. »Nun, Pat, eine Lungenentzündung ist an sich schon schlimm genug, aber erst recht schwierig erweist sich die Behandlung eines Säuglings, der ein Krankheitsbild aufweist, wie es eigentlich nur bei Erwachsenen vorkommt. Antibiotika, wie sie normalerweise verabreicht werden, sind für Babies Gift. Ich sage nicht, daß wir nichts tun können, nur eben, daß Probleme nicht auszuschließen sind.«

»Wollen Sie damit andeuten, Doktor, daß er möglicherweise nicht durchkommt?« Das ist Jim.

»Wir dürfen niemals die Hoffnung aufgeben. Gott sei Dank habe ich sehr früh begriffen, daß immer wieder Wunder geschehen. Ich sage nur, daß die Chancen Ihres Kindes – vom medizinischen Standpunkt aus – hauchdünn sind. Zum jetzigen Zeitpunkt rechnen wir in wenigen Stunden, wenigen Tagen. Schwer zu sagen.

Vielleicht schafft er es. Verstehen Sie mich bitte richtig – ich möchte Sie weder beunruhigen noch falsche Hoffnungen in Ihnen wecken ... obwohl frühere Erfahrungen bei ähnlich gelagerten Fällen ... so leid es mir tut, dies zu sagen, ausnahmslos negativ ausfielen. In den Lungen Ihres Sohnes befindet sich Flüssigkeit, und die Infektion ist allem Anschein nach bereits so weit fortgeschritten, daß unter Umständen andere lebenswichtige Organe in Mitleidenschaft gezogen worden sind. Genau steht das noch nicht fest. Nochmals: es tut mir sehr leid. Wäre mir lieber, wenn ich Ihnen etwas anderes sagen könnte.«

»Dürfen wir bei ihm bleiben, Doktor?«

»Selbstverständlich, Pat. Jetzt muß ich aber weiter und meine Runde drehen. Wir sprechen uns wieder.«

Schweigen ...

»Jim, Pat.« Susans Stimme. »Dr. Miles ist ein tüchtiger Arzt. Einer der besten. Glauben Sie bitte nicht, er hätte Ihren Sohn schon aufgegeben. Im Gegenteil. Medizinisch gesehen wird er alle Hebel in Bewegung setzen, um eine Möglichkeit zu finden, gegen das Virus anzugehen. Er hat schon andere scheinbar aussichtslose Fälle mit neuartigen Behandlungsmethoden geheilt. Er ist ein brillanter Kopf, sieht es aber als seine Pflicht an, Eltern auf das Schlimmste vorzubereiten. Es gibt keinen Arzt auf der Welt, dem nicht hin und wieder Patienten wegsterben, obwohl ... nun ja, nur wenige haben es mit so vielen kritischen Fällen zu tun wie Dr. Miles. Kein leichter Job.«

»Kann ich mir denken«, sagt Jim. »Obwohl, wenn man sich Jalil anschaut ... krank sieht er doch wirklich nicht aus.«

Ich spüre, daß Susan lächelt. Komisch. Meine Wahrnehmungen sind kaum anders als im Himmel, dabei hat Vater gesagt, daß wir als Menschen einen Teil unseres himmlischen Wahrnehmungsvermögens einbüßen würden. Daß ich weiterhin über ein himmlisches Gespür verfüge, mag daran liegen, daß ich ein Engel in einem menschlichen Körper bin.

»Hier, in Bett eins, haben wir unseren allerkleinsten Patienten. Wir nennen ihn Big George. Dabei bringt dieser Knirps nicht mehr als eineinhalb Pfund auf die Waage! Wir hielten es für angebracht, ihn neben Ihr Söhnchen zu legen, der mit seinen achteinhalb Pfund vom Gewicht her allen anderen überlegen ist. Eigentlich wirkt keiner von ihnen krank. Hübsche Kerlchen, alle beide.«

Piep! Piep! Piep! Piep! Piep! Piep!

Wieder dieses *Piep!* Seit ich hier bin, höre ich es ständig. Mehrmals kam es von genau über mir, und zwar immer dann, wenn mein kleines »Ich« besonders wehtat. Diesmal kommt das *Piep!* von woanders her, nicht weit von mir entfernt.

»Atemabfall«, sagt Susan. »Sie werden dieses Piepsen häufiger hören. Lassen Sie sich dadurch nicht beunruhigen. Die Babies sträuben sich gelegentlich, richtig zu atmen. Und dann geht der Alarm los. Ich sollte wohl lieber mal nach dem Rechten sehen ... Oh, tut mir leid, Jim, aber bei einem Alarm müssen Sie und Pat draußen in dem kleinen Wartezimmer Platz nehmen; sobald die Gefahr vorbei ist, sage ich Ihnen Bescheid. Und vergessen Sie bitte nicht, sich gründlich die Hände zu waschen und einen neuen Kittel anzuziehen, ehe Sie wieder hereinkommen.«

Wieder Schweigen.

Gedämpfte Stimmen, nicht weit weg von mir, aber nichts zu verstehen.

Jalil, bist du wach?

Wieder keine Antwort. Er muß mich doch hören! Im Himmel konnte er das ... warum hier nicht?

Vater, bist du da?

»Vater ist beschäftigt. Was gibt's, George?«

Gabriel! Was tust du denn hier?

»Vater schickt mich, Du machst dir Sorgen um Jalil? Aber Kind, wo bleibt dein Glaube? Hast du dich in deinem Menschsein schon soweit eingerichtet, daß du Vaters Worte in den Wind schlägst?«

Nein, Gabriel, ich find's nur reichlich schwierig, sich ans Menschsein zu gewöhnen. Einerseits fühle ich mich ganz wohl, andererseits bin ich verunsichert.

»Was sagt Vater über Verunsicherung?«

Wenn du zweifelst, hab Vertrauen.

»Bist du nicht hergeschickt worden, um ...?«
Um die Botschaft zu überbringen, daß Liebe die entscheidende Kraft ist, im Himmel wie auf Erden.
»Hör zu, George. Abermillionen Menschen wenden sich an Vater, ein jeder mit einem echten oder eingebildeten Anliegen. Meinst du nicht, daß du, der du ein Engel bist, Vater weniger häufig belästigen solltest? Denk mal darüber nach. Und vor allem, erfülle Vaters Auftrag. Bleib durch das Gebet mit ihm in Verbindung ... aber sorge dafür, daß deine Gebete in erster Linie Lobpreisungen beinhalten. Andere Gebete nur in Ausnahmefällen. Schließlich bist du ein Engel, dem menschliche Verunsicherung fremd sein sollte. Du weißt doch, wie wir im Himmel sagen ...«
Ich weiß ... unwichtig.
Gegen Gabriels Lächeln wirkt die Beleuchtung reichlich schummrig. »Gewiß doch, Bruder. Unwichtig. Nichts ist wichtig außer unserem Vater.« Damit entschwand Gabriel ins Licht. Unzählige Engel im Himmel, und Vater schickt mir den abgehobenen Gabriel! Ich bitte um Hilfe und ernte eine Standpauke. Aber Gabriel liebt mich, liebt Vater. Er ist ein guter Engel.
Jim und Pat sind zurück. Wäre schön, wenn sie mir ein wenig Aufmerksamkeit schenken würden.
»Alles in Ordnung mit dem Baby, Susan?« erkundigt sich Pat.
Ich spüre, daß Susan traurig ist. »Leider nein. Sie ist in den Himmel zurückgekehrt.«
Warum ist Susan traurig? Ist doch nicht tragisch, wenn jemand in den Himmel zurückkehrt. Also wirklich, die

Erde ist schon ein merkwürdiger Ort. Ich glaube nicht, daß ich jemals begreifen werde, warum Menschen auf Situationen wie diese so und nicht anders reagieren.
Jedesmal, wenn ich im weiteren Verlauf des Tages aufwachte, hielten sich Jim und Pat an Jalils Bettchen auf. Mom und Dad haben sich noch immer nicht blicken lassen.

Lobet den Herrn, ihr seine Engel,
ihr starken Helden, die ihr seinen Befehl
ausrichtet,
daß man höre auf die Stimme seines Wortes!
Psalm 103, 20

Dritter Tag

Vater zufolge wechseln sich auf der Erde Licht und Dunkelheit ab. Seit ich auf der Erde bin, ist es jedoch unentwegt so hell wie im Himmel. Das heißt, fast. Nichts dagegen einzuwenden, wenn man als Mensch nicht zwischendurch schlafen müßte. Im Baby-Himmel war das kein Thema, aber hier, als Mensch, und vor allem in dieser Helligkeit, wird einem das Schlafen reichlich schwer gemacht. In Mutter habe ich gut geschlafen. Hier dagegen herrscht ständig Betrieb; ich bekomme vieles von dem mit, was um mich herum passiert, und das, was ich gerade gehört habe, beunruhigt mich.

Susan hat Pat und Jim nämlich erzählt, daß manch einer an der hier gebräuchlichen Formulierung »ist in den Himmel zurückgekehrt« Anstoß nimmt, weil in der Bibel steht, daß einzig der Menschensohn jemals Gott und den Himmel geschaut habe.

Also die Engel – und ich bin immerhin einer – haben mit Sicherheit den Himmel geschaut, und da die Menschen vom Vater erschaffen sind, hat auch ihr Geist zweifellos den Himmel geschaut. Der Mensch verliert das Wissen um den Himmel, hat Vater gesagt, weil er vom Augenblick seiner Geburt an anfällig ist für die Sünde. Das gilt natürlich nicht für mich, außer ich falle, wie Luzifer, bei Vater in Ungnade. Na ja, ich mag als Mensch nicht besonders klug sein, aber ich meine zu glauben, daß Vaters Sohn, der ein Teil von Vater ist, uns gesagt hat, daß nur der, der ohne Sünde ist, und wie er, Jesus, die Gnade der Liebe besitzt, Vater kennen und um die Existenz des Himmels wissen kann. Ich erinnere mich auch, daß Vater uns Baby-Engeln immer wieder gesagt hat: »Jeder von euch ist wie mein Sohn.« Damals wie heute bin ich überzeugt – warum, weiß ich nicht –, daß Vater in uns – Menschen wie Engeln – das Ebenbild seines Sohnes sieht.

Ihr seid jetzt wohl neugierig geworden, wie? Wollt mehr wissen? Also gut. Wie Vater aussieht, zum Beispiel? Nun, ich habe mal mitbekommen, wie er sich selbst beschrieben hat. Dabei sah er für mich einfach aus wie er. Er hingegen sagte, er sähe aus wie ein Mensch.

»Aber Vater«, hatte sich da ein anderer Baby-Engel zu Wort gemeldet, »die Menschen unterscheiden sich doch voneinander, wie kannst du da aussehen wie alle?« Einfältiger kleiner Engel! Und gleichzeitig ein Beweis, daß Engel nicht wie Vater alles wissen. Ich hätte diese Frage mit links beantworten können – daß nämlich Vater alles vermag, was er will!

Vater jedoch war die Ruhe selbst geblieben. »Mein Antlitz ist das Antlitz der Liebe«, klärte er den Baby-Engel auf, »und wessen Herz von Liebe erfüllt ist, dessen Antlitz wird zu meinem Antlitz.« Meinte Vater etwa damit, daß jeder von uns eine eigene Vorstellung von ihm, Vater, hat und

daß ein liebender Mensch Vaters Ebenbild ist? Muß wohl so sein. Jedenfalls möchte ich alles tun, was Vater sagt, damit ich auf ewig das Antlitz der Liebe schaue.
Sünde? Vater hat gesagt, Sünde ist etwas Schlechtes, daß das Schlechte alles ist, was unserer Natur entgegensteht, und daß unsere Natur die Natur des Vaters ist, der uns erschaffen hat. Wenn ich es recht bedenke, so bin nicht einmal ich kleiner Dreikäsehoch gegen die Sünde gefeit. Vater hat mir prophezeiht, daß es so kommen würde. Jedesmal wenn irgendwelche Riesenmenschen meinen Körper mit diesen Nadeln, wie sie sie nennen, pieksen und mir wehtun, gerate ich in Versuchung, die Dinger in sie selbst reinzubohren, damit sie diese Quälerei mal am eigenen Leibe verspüren! Dabei weiß ich, daß ich das nicht tun darf, daß sich das nicht schickt und demnach, wie Vater sagt, Sünde ist. Daher Regel Nummer eins für mich: wenn du Vater weiterhin schauen willst, verkneif dir den Wunsch, andere zu pieksen. Dabei pieksen die mich hier wie verrückt! Ich verstehe durchaus, warum wir Menschen, Halbmenschen wie ich eingeschlossen, immer wieder in Versuchung geraten, uns gegen Vater zu versündigen.
Da kommt Jim. Er beugt sich über mich. Vater? Jim sieht aus wie Vater! Das heißt, ich sehe Jim so, wie Vater das erklärt hat: *Wessen Herz von Liebe erfüllt ist, dessen Antlitz wird zu meinem Antlitz.*
Bitte berühre mich, Jim. Ehrlich gesagt, weiß ich nicht, warum, aber ich brauche die Nähe eines Menschen. Vielleicht weil ich in Mutters Bauch in der menschlichen Berührung Sicherheit gefunden habe.

Er tut es! Er tut es! Er stupst an meinen Finger! Ich spüre ihn!
»Pat, Big George hat nach meinem Finger gegriffen und hält ihn fest. Schau doch nur, diese winzigen Fingerchen. Winzig, und doch völlig ausgebildet.«
Jim, wenn ich wie ein Mensch sprechen könnte, würde ich dir sagen, daß ich nicht anders bin als du, nur kleiner.
Vater hat gesagt, daß man Babies mit der Erde vergleichen kann, daß die Erde zwar nur ein klitzekleines Teilchen des Himmelsraums ausmacht, Vater aber um so mehr am Herzen liegt.
»Einfach süß ist er«, sagt Pat. »Wo nur seine Eltern bleiben? Ich habe sie noch gar nicht gesehen.«
»Sie wohnen in Mississippi«, sagt Susan, »etwa hundert Meilen weit weg. Dr. Miles zufolge arme Leute.«
Arm? Super! Dann wird meinen Eltern die Erde gehören. Ob Jim und Pat auch arm sind? »Wird er es schaffen?« erkundigt sich Jim, offenbar bei Susan.
Ich kann Susan nicht sehen, dafür spüre ich die Wärme in ihrer Stimme. »Hoffnung besteht immer. Das ist der Leitsatz unserer Klinik. Wir verfügen über modernste medizinische Einrichtungen, aber Hoffnung – Gottvertrauen – ist unsere eigentliche Wunderwaffe. Wir können Big George und andere mit Hilfe aller möglichen Geräte am Leben halten und ihnen auch durch die Verabreichung von Medikamenten helfen, aber das Wichtigste ist, niemals die Hoffnung aufzugeben, daß ein Wunder geschieht. Ich ... Tut mir leid. Ich rede schon wie ein Geistlicher. Das wollte ich nicht.«
Hoffnung sagt mir etwas. Laut Vater bedeutet Hoff-

nung, in schwierigen Situationen auf den Glauben zu bauen.
Was Jim gesagt hat, verstört mich. *Wird er es schaffen?* Schaffen – wohin? Bin ich etwa nicht auf der Erde gelandet? Doch, bin ich. Zurück zum Himmel schaffen? Nichts wird mich davon abhalten, Vaters Willen zu erfüllen. »Kind, du wirst deine Lehrzeit auf der Erde absolvieren, in Gestalt eines neugeborenen Menschenbabies«, hat er gesagt. »Als dieses Menschenkind wirst du es zwar sehr schwer haben, aber die Liebe wird dir helfen, alle Prüfungen zu bestehen.« Der Wille des Vaters. Nichts sonst zählt. Alle stammen wir vom Vater ab, irdisch ist nur die menschliche Hülle.
»Jim, Liebling, wenn, wie du sagst, die Eltern von Big George arm sind und nicht das Geld aufbringen können, um herzukommen – könnten wir ihnen da nicht irgendwie finanziell helfen?«
Geld? Vater hatte darauf hingewiesen, daß Geld bei den Menschen eine große Rolle spielt. Verstehe. Wenn man kein Geld hat, ist man arm. Andererseits hat Vater auch gesagt, daß viel Geld zu besitzen nicht unbedingt bedeutet, reich zu sein. Ist einigermaßen verwirrend für mich, aber soviel steht fest: Arm hat was mit Geld zu tun.
»Warum nicht«, kommt Jims Antwort. »Ich kann sie ja mal vorsichtig fragen, ob sie Hilfe von uns annehmen ... sobald sie hier auftauchen.«
Da einiges von dem, was sie besprechen, zu hoch für mich ist, sollte ich eigentlich darüber hinweggehen. Scheint dennoch von Bedeutung zu sein, weil sie sich doch sonst

nicht so lange damit aufhalten würden. Hat Vater nicht gesagt, das Leben wird uns lehren?
»Jetzt muß ich aber wieder an die Arbeit«, sagt Susan.
»Ich paß auf Jalil auf«, sagt Pat.
»Und ich kümmere mich ein bißchen um Big George«, sagt Jim.
Wie schön.
Ah! Sich an Jims Finger zu klammern ist wie sich an Hoffnung zu klammern!

Wer mich findet, der findet das Leben
und wird Wohlgefallen vom Herrn erlangen.
Sprüche 8, 35

Vierter Tag

»Da ist unser Baby, George.«

Diese Stimme hätte ich überall erkannt – Mutter! George? Dad? Dad heißt also auch George. Nichts dagegen.

»Ein kleiner Wurm, wie, Sharon?« Ich mag Dads Stimme. Ruhig und kräftig. »Sieh doch mal sein Haar! Lauter schwarze Löckchen hat er. Ein putziges Kerlchen.«

»Mr. Hawkins. Mrs. Hawkins. Ich bin Susan, die Säuglingsschwester auf dieser Station.«

»Unser Baby kommt doch durch, ja, Miss Susan?«

»Wir tun, was wir können. Er ist sehr tapfer. Ein richtiger Kämpfer.«

Was ist *tapfer?* Was ist *Kämpfer?* Komische Ausdrücke, die die Menschen da gebrauchen. Ahhhh. Mutter berührt mich. Nicht unbedingt das, was ich empfand, als ich noch in ihrem Bauch war, aber die gleiche Wärme, das gleiche himmlische Gefühl.

»Wir haben ihn von Herzen lieb und wünschen uns, daß er bei uns bleibt, Miss Susan. Er muß einfach durchkommen.«

Mmm. Ich scheine reich zu sein, wo ich doch jetzt dieses Gerede von Arm und Reich besser verstehe. Vater hat gesagt, daß geliebt zu werden und erwünscht zu sein der größte Reichtum ist. Es *geht mir gut, Mutter.*

»Sharon, nicht doch, du hast mir versprochen, nicht zu weinen.«

»Ent ... entschuldige, George. Ich versuch ja, mich zusammenzunehmen.«

»Mr. Hawkins?« Jims Stimme.

»Ja, Sir?«

»Unser Baby ist wohl ungefähr zur selben Zeit wie Ihr Sohn eingeliefert worden. Sie haben einen wirklich hübschen kleinen Jungen.«

»Danke, Sir. Ihr Baby ist auch zu früh gekommen?«

»Ja. Unser Jalil ist zwar kein Sechsmonatskind wie Big George, er war lediglich vier Wochen zu früh dran. Daß es bei ihm zu Komplikationen kam, rührt daher, daß er erst acht Stunden nach dem Platzen der Fruchtblase geboren wurde. Es steht zu befürchten, daß er sich eine schwere Lungenentzündung zugezogen hat. Noch sind sich die Ärzte unschlüssig, wie sie dagegen angehen sollen, die Medikamente, die man in derartigen Fällen einem Erwachsenen verabreicht, sind jedenfalls für Babies toxisch. Übrigens, ich heiße Jim. Pat, meine Frau, ist bei unseren Töchtern im Motel geblieben, sollte aber bald hiersein. Wir sind ebenfalls von auswärts, aus Dallas, Texas. Jalil kam in Jackson, Tennessee, auf die Welt, auf einer Reise, und wurde anschließend in diese Klinik verlegt.«

»Freut mich, Sie kennenzulernen, Jim. Das ist Sharon, meine Frau.«

»Hallo, Sharon. Nein, nein, ich verstehe durchaus, wie schwer das alles für Sie ist. Hier wird nun mal viel

geweint ... Aber jetzt lasse ich Sie lieber mit Big George allein ... Wenn wir Ihnen irgendwie helfen können, sagen Sie uns das bitte, ja?«
»Ja, Sir. Nett von Ihnen, Sir.«
Ich lerne durch bloßes Zuhören. He, Dad, wie wär's, wenn du mir einen Finger hinhieltest, damit ich mich dran festhalten kann?
»Darf ich ihn anfassen, Susan?«
»Aber natürlich, Mr. Hawkins. Big George hat das bestimmt gern. Er reagiert durchaus auf Berührungen. Oh, ich hoffe, Sie haben nichts dagegen, wenn wir ihn Big George nennen. Dabei ist er im Augenblick unser kleinster Patient.«
Dad lacht. »Big George gefällt mir durchaus, Susan.«
He, Dad! Ich kann deinen Finger nicht mit meinen Zehen festhalten. Das kitzelt so.

Ich muß eine Weile geschlafen haben. Gut geschlafen – Mutter gespürt. Und Dad auch.
Habe mich als Mensch noch nie so wohlgefühlt. Brust schmerzt weit weniger. Während der letzten drei Tage ist es mir vorgekommen, als hätte man mir einen Mond auf den Brustkasten gepackt. Auf den Brustkasten, in dem sich auch mein Herz befindet. Vater hatte wohl darauf hingewiesen, daß das menschliche Herz einiges auszuhalten hat, aber in meinem Fall war das eher eine schamlose Untertreibung! Oder aber es rührt daher, daß ich ein so großes Herz habe. Was Vater zufolge gut ist. Menschen mit einem großen Herzen, hat er gesagt, sind ihm die liebsten ... Nein, ich habe durchaus nicht die Absicht,

Überheblichkeit zur Schau zu stellen, zumal Vater gesagt hat, wenn man sich zuviel einbildet und meint, etwas Besonderes zu sein, könnte man ganz schön auf die Nase fallen. Es ist nur eben so, daß ich, wenn ich mich wohlfühle, ein bißchen übermütig werde.
Wo sie bloß alle abgeblieben sind? Ich kann Mutter nicht spüren, einzig Susans Stimme ist zu hören, allerdings ziemlich weit weg. Ist Mutter gegangen? Hoffentlich nicht. Ich brauche sie. Mutters Liebe gibt mir Kraft.
Hu-oh! Das Licht. Hat kurz aufgeblinkt. Es zieht mich an, scheint mir einen Weg aus meinen Schmerzen aufzuzeigen. Aber Vater hat gesagt, ich muß bleiben, bis seine Botschaft übermittelt ist.
»Das war Big George, bei dem es eben gepiepst hat.« Susan. »Fehlte gerade noch, ihn ausgerechnet jetzt zu verlieren, wo seine Eltern da sind.« Mich verlieren? Ich begreife nicht. »Eins pro Tag ist genug.«
»Wo sind die Eltern? Kann einer mal nach ihnen sehen?« Ich habe diese Stimme schon gehört, erinnere mich aber nicht, zu wem sie gehört. Eltern? Wessen Eltern?
»Sie sind in dem kleinen Wartezimmer nebenan«, sagt Susan. »Der Vater sitzt mit verkrampften Händen da und starrt zu Boden, die Mutter hält das tote Kind im Arm und singt ihm Wiegenlieder. Seit einer Stunde geht das nun schon so. Neun Monate war der kleine Roger hier. Daß er nach einem solch heroischen Lebenskampf in den Himmel zurückgekehrt ist, muß schrecklich für sie sein.« Susan weint.
»Susan, mach eine Pause. Trink einen Kaffee. Ich übernehme solange deine Station.«

»Nein ... nein, es geht schon wieder. Entschuldige. Gib mir doch bitte ein Kleenex, ich möchte nicht, daß die Ärzte mich derart aufgelöst hier antreffen.«
Du brauchst dich nicht zu entschuldigen, Susan. Vater hat Verständnis für deinen Kummer.
»Susan.« Das ist Rogers Vater. »Sie können ihn jetzt mitnehmen.« Unendlich viel Liebe schwingt in seiner Stimme mit, verrät mir, daß er *weiß*. Danke, Vater. »Roger ist jetzt bei Gott. Meine Frau und ich brauchten nur etwas Zeit, um dem Herrn dafür zu danken, daß wir den Kleinen für die kurze Spanne seines Lebens liebhaben durften. Gott segne Sie alle für Ihre aufopfernde Hingabe.«
Stille ... Ich höre, wie die Tür geöffnet und wieder geschlossen wird. Ich spüre den Sohn Gottes ganz nahe.
»Jetzt ist's mit meiner Beherrschung endgültig vorbei«, schluchzt Susan.
Die namenlose Stimme antwortet: »Mir geht's genauso. Wo wir dieses Baby doch bereits über dem Berg glaubten. Jetzt weinen wir uns vor Kummer die Augen aus, und die beiden da draußen loben Gott.«
Vater ist denen gnädig, die seine Gnade suchen, Susan und wer-immer-du-bist. Also hört jetzt auf zu weinen, ihr beiden, und sorgt dafür, daß meine Eltern wieder aufkreuzen ... und Jim und Pat auch.
»Ich hole jetzt die Eltern von Big George und Jalil wieder rein«, sagt Susan,
Manchmal glaube ich, Susan hört mich *wirklich*. Ich meine, nicht bloß als Engel, sondern als Mensch.
Der Rest des Tages war erfüllt von Liebe und Hoffnung.

So seid nun Gottes Nachfolger als die
lieben Kinder, und wandelt in der Liebe.
Epheser 5, 1–2

Fünfter Tag

Als sich Mutter und Dad gestern verabschiedeten, sagten sie, sie würden erst in einer Woche wiederkommen. Ich weiß, was eine Woche bedeutet. In Mutters Bauch habe ich vieles über die Erdenzeit gelernt. Dr. Miles hat Dad und Jim eine Telefonnummer gegeben, unter der sie jederzeit anrufen können. Was ein Telefon ist, ist mir ebenfalls klar. Mutter hat, solange ich noch in ihrem Bauch war, häufig telefoniert. Was ich dagegen nicht begreife, ist, daß Jim das Angebot von Dr. Miles abgelehnt hat. Vielleicht versteht ihr es, wenn ich euch den Wortlaut ihrer Unterhaltung wiedergebe.

Dr. Miles hatte zu Jim gesagt: »Warum fahren Sie und Pat mit ihren beiden kleinen Töchtern nicht nach Hause? Hier, unter dieser, übrigens gebührenfreien Telefonnummer, können Sie sich jederzeit nach Jalils Befinden erkundigen. Wenn Sie bleiben, bedeutet das für Ihre Familie doch eine riesengroße Belastung.«

»Danke, Doktor«, hatte Jim geantwortet, »aber wir möchten, wenn Sie nichts dagegen haben, Jalil nicht allein lassen. Wir haben es so im Familienkreis besprochen.«

»Nun«, hatte Dr. Miles gemeint, »war ja auch nur ein Vorschlag. Im allgemeinen können die Angehörigen ei-

nes Patienten einen längeren Aufenthalt nicht erübrigen.«
Jim hatte leise aufgelacht.
»Wir eigentlich auch nicht. Und dennoch bringen wir es nicht über uns, einfach abzureisen. Obwohl mir, abgesehen von den Kosten für das Motel und alles andere, bewußt ist, welche Konsequenzen das vor allem beruflich für mich nach sich ziehen kann. Daß ich bereits mehrere Lesungen abgesagt habe, ist mit großem Befremden und Unverständnis aufgenommen worden. Im Literaturbetrieb kommt die Nichteinhaltung einer Verpflichtung sozusagen einem Selbstmord gleich. Die Sponsoren wollen, daß man dort und dort auftritt – tot oder lebendig.«
»Tut mir leid für Sie, Jim«, hatte Dr. Miles erwidert. »Ich kann mich in Ihre Situation sehr wohl hineinversetzen. Aus Erfahrung weiß ich, daß es leider immer wieder Leute gibt, die meinen, nur ausgereifte Persönlichkeiten – was in ihren Augen Kinder eben nicht sind – hätten Anspruch auf Zuwendung. Wer so was behauptet, sollte sich einmal bei uns umsehen! Ich könnte ihnen dreiundfünfzig kleine Persönlichkeiten zeigen, in diesen Bettchen hier: Nicht zwei dieser Kinder, die sich gleich verhalten. Einige kämpfen um ihr Leben, andere geben nach kürzester Zeit auf. Ein jedes hat seine Eigenheit, seine für ihn typische Position beim Schlafen, andere unverkennbare Wesenszüge. Na ja ... sollten sie sich dennoch zur Abreise gezwungen sehen: hier ist die Nummer.«
Ich bin, ehrlich gesagt, einigermaßen erbost, daß es da welche gibt, die mir Persönlichkeit absprechen. Wo doch ein Schutzengel Vater gegenüber einmal verlauten ließ,

ich sei ein Witzbold und zuweilen bockig und für einen Cherubin übertrieben neugierig. Wahrscheinlich hat Dr. Miles auf Menschen angespielt, die Vater zufolge eine Extraportion seiner Botschaft bedürfen.
»Lehre sie durch die Kraft der Liebe, mir nachzueifern, Kind, und ein gottgefälliges Leben zu führen.«
Vaters Wunsch ist, daß wir sind wie er. Bekanntlicherweise hat er uns nach seinem Ebenbild erschaffen. Er möchte, daß sich seine Kinder auf Erden wie im Himmel fühlen. Dies, so führte er aus, sei für einen Menschen der Inbegriff des Glücklichseins. »Und nichts«, fügte er hinzu, »macht so glücklich wie die Liebe. Liebe ist das Elixier des Lebens.«
Es piepst heute unentwegt. Ein paar Mal kam es von mir, und von Jalil auch. Keiner von uns beiden piepste jedoch nachhaltig genug, um das Personal in Alarmbereitschaft zu versetzen. Pat und Jim dagegen sind um so besorgter. Schon ein einziges *Piep!*, und es entringt sich ihnen ein »Nein, nicht!«
Offenbar sind heute mehrere meiner Brüder und Schwestern zu Vater zurückgekehrt; da ich viel schlafe, ist es schwierig, den Überblick zu behalten. Außerdem steht fest, daß ich mit meinen Geschwistern nicht reden kann. Als Mensch geboren zu werden, hat zur Folge, daß man ab sofort die Sprache der Engel nicht mehr versteht. Einiges von dem, was ich sage, wird nur von Erwachsenen begriffen, von Babies dagegen nicht.
Dementsprechend schwierig ist es für mich festzustellen, wer hier ist und wer nicht.
Jim und Pat standen heute mehrmals an meinem Bett-

chen. Ich spüre ihre Liebe, und das läßt mich für die Übermittlung von Vaters Botschaft hoffen. Wird Jim mir dabei helfen? Und vielleicht Pat und Jalil ebenfalls?
Vater hatte mir zu guter Letzt noch eingeschärft, ich müsse, obwohl ich ein Engel bin, seine Botschaft in erster Linie als menschliches Wesen überbringen. Auf meine Frage damals, warum ich nicht einfach als Engel auftreten und meinen Auftrag entsprechend rascher erledigen könne, hatte Vater lachend geantwortet: »Kind, du mußt noch viel lernen. Manche Menschen erschrecken, wenn sie einen Engel sehen und versuchen mit aller Gewalt, ihn abzuwehren. Andere reden sich ein, du wärst eine Fata Morgana – was das ist, erkläre ich dir ein andermal – oder ein Hirngespinst. Außerdem, wie schon oft gesagt, wenn ich einen Engel zu ihnen schickte, wo bereits weitere wären, die gegenseitig Zeugnis ablegen könnten, wäre es mit dem Glauben vorbei. Für mich kommt es darauf an, daß die Menschen von sich aus an mich glauben; von Massenauftritten meiner Engel halte ich nichts. Der Mensch steht dem, was er nicht kennt, mit einer gewissen Scheu gegenüber, und mich als sogenannte unbekannte Größe zu fürchten, nun, das ermöglicht mir, ein wenig Druck auszuüben. Wenn ich leibhaftig in Erscheinung träte, würde man mit mir umspringen wie mit denen, die voller Liebe sind. Man könnte sich sogar dazu versteigen, mich erschlagen zu wollen, so unmöglich das auch ist. Auf jeden Fall würde Luzifer die Situation nutzen, er würde sich in die Herzen der Menschen einnisten und meine menschliche Gestalt als Scharlatanerie bezeichnen. Luzifer würde mich kreuzigen lassen, wenn er ein paar Dummköpfe dazu überreden

könnte! Nein, Kind, du mußt meine Botschaft als Mensch überbringen. Ich werde dir das Wissen belassen, daß du ein Engel in menschlicher Gestalt bist, aber die, die um dich herum sind, sollen das nicht allzu deutlich merken.«

»Werde ich weiterhin die Macht eines Engels besitzen, Vater?« hatte ich gefragt.

»Gewiß, Kind, wenn auch nur in dem Maße, wie dein menschlicher Körper dem nicht im Wege steht. Aber jetzt Schluß damit ... Und daß mir keine Geschichten zu Ohren kommen, du würdest auf der Erde Cherubin spielen und Dinge durch die Luft fliegen oder Lichter an- und ausgehen lassen. Beweise dich auf Erden als braver Engel.«

Wenn ich jetzt daran zurückdenke ... schon komisch. Ich weiß nämlich gar nicht genau – zumindest meine menschliche Seite weiß nicht genau –, was brav ist und was nicht. Deshalb sagt Vater wohl auch immer, daß Eltern ihren Kindern beibringen sollen, was gut ist und was böse, brav und unartig. Klar doch, was böse ist, ist Sünde; das weiß ich zumindest als Engel. Ich ahne aber, daß es auch eine andere Erklärung für Gut und Böse gibt. Vater hat, wie ich mich erinnere, dafür die Begriffe Recht und Unrecht verwendet. Zwischen Unrecht tun und Böse sein scheint eine hauchdünne Grenze zu verlaufen.

Wie hat sich Vater ausgedrückt? »Es gibt Menschen, die Unrecht begehen, dies jedoch nicht als etwas Böses ansehen, weil ihr Tun nicht so verdammenswert ist, daß man das als Verstoß gegen die vom Menschen aufgestellten Gesetze werten kann.«

He, Jim, was ist ein braves Kind und was ein unartiges?

»Schau dir Big George an, Schatz. Er und Jalil haben mit

Sicherheit eines gemeinsam – beide sind unglaublich brav. Keiner von beiden muckt auf.«
Mmm. Nicht aufmucken ist brav und gut, aufmucken dann also unartig, böse. Wenn man rasch an Informationen herankommen möchte, zahlt es sich aus, ein Engel zu sein.
Im weiteren Verlauf des Tages wurde mein Zustand kritisch, wie das im Krankenhaus genannt wird. Irgendein Eingriff in »meinem« kleinen Brustkasten erwies sich als unvermeidlich.

Sind sie nicht allzumal dienstbare Geister,
ausgesandt zum Dienst um derer willen,
die ererben sollen die Seligkeit?
Hebräer 1, 14

Sechster Tag

So also sieht mein Körper aus! Wie bin ich denn aus ihm herausgekommen?
»Muß schleunigst wieder Herztätigkeit zeigen.« Das ist die Stimme von Dr. Miles, auch wenn er wie das Echo von einem weitentfernten Stern klingt. Er hantiert an meiner Brust herum. Meinetwegen. Dann werde ich mich unterdessen mal ein bißchen umschauen. Vielleicht erhasche ich einen Blick auf Jalil und meine Umgebung überhaupt. Von einer Ähnlichkeit zwischen ihm und mir kann keine Rede sein. Jalil dürfte fünfmal so groß sein wie ich. Außerdem hat er eine ganz andere Hautfarbe. Vater hat gesagt, daß seine Kinder alle möglichen Farben haben. Ui! Sehe sich einer diese Menschenbabies an! Niedlich. Nicht so niedlich wie Engel, aber fast. Vater zufolge sind Babies und Engel gleich niedlich.
»Da, ich habe einen Herzschlag. Susan, künstliche Beatmung bei sechzig Prozent, bis der Blutdruck ansteigt.«
»Ja, Dr. Miles. War knapp, wie?«
»Er ist ein Tiger. Ein zäher Bursche.«
Ich höre sie deutlich. Nicht mehr als Echo.
Ich bin zurück in meinem Körper, nachdem ich einen

Augenblick lang wohl wieder nur Engel war. Dafür tut mein »Ich« verflixt weh.
Ein Tiger bin ich? Mal überlegen ... großes Tier, lebt auf der Erde, schwarz-orange gestreift, gewaltige Zähne. Schon wieder so ein absurder Vergleich! Ob ich wohl lange genug hier unten bleibe, um mich an diese Ausdrucksweise zu gewöhnen? Meiner Ansicht nach machen die sich ein völlig falsches Bild von mir. Ich bin nicht so groß wie ein Tiger, ich bin nicht orangerot, und von Streifen keine Spur. Ich bin braun. Zähne? Moment mal. Nein – auch keine Zähne.
Ein zäher Bursche?
»Zäh heißt, du besitzt Durchhaltevermögen, George.«
Michael?
»In der Tat, George, der bin ich. Wenn sie dich mit einem Tiger vergleichen, bedeutet das, daß du Durchhaltevermögen und Ausdauer besitzt.« Michael lacht. »Als Engel hast du das natürlich sowieso.« Er hat sich seine Flügel wahrlich verdient. Wie ungemein viel er doch weiß! Nicht so viel wie Vater, aber immerhin.
Die Zähigkeit eines Tigers. Hört sich gut an, Michael.
»Ich werde Noah sagen, daß dir dieser Vergleich zusagt, George. Und jetzt schlaf. Dein menschlicher Körper braucht Ruhe.«
Autsch!
»Entschuldige, George.« Susans Stimme. »Die Spritze soll deine Schmerzen lindern. Armer kleiner Kerl. Ich hab dich lieb.«
Ich dich auch, Sus ...

Denn das ist die Botschaft, die ihr
gehöret habt von Anfang an, daß wir
einander lieben sollen.
1. Joh. 3, 11

Siebter Tag

»Guten Morgen, George.«

Freude über Freude! Es ist Jim – Finger und alles. Morgen? Himmel! Ich muß einen ganzen Tag lang geschlafen haben. So kann das nicht weitergehen; zuviel schlafen ist vergeudete Liebesmüh. Außerdem ist schlafen im Dienst unangebracht. Hab ich nicht den Auftrag meines Vaters zu erfüllen?

Guten Morgen, Jim. Ich hab dich lieb.

Jim beugt sich dicht über mich. »Ich hab dich lieb. Und deine Mutter und dein Dad haben dich auch lieb. Gib nicht auf, Big George.«

Aufgeben, Jim? Von wegen! Ich muß mir meine Flügel verdienen, und die bekomme ich nur, wenn ich Vaters Auftrag erfülle.

»Wie geht es ihm, Jim?« Das ist Pat.

Jim schmunzelt. »Er packt weiterhin kräftig zu, soviel steht fest.«

Die Muskeln eines kleinen Engels, Jim.

Jim lacht vergnügt. »Komisch, Liebes, ich werd einfach den Gedanken nicht los, daß er mit mir spricht. Es ist, als ob ich die Stimme eines kleinen Kindes hörte.«

Pat lacht. Entzückend klingt das. Im Himmel kannte ich einen Engel, der ganz ähnlich wie Pat lachte. »Vielleicht tut er das ja auch.«
»Als ob er eine ganz eigene Art hätte, sich verständlich zu machen ... wie über ein Engel-Telefon«, sagt Jim, und beide lachen. Auch ich lache, wenngleich ich bezweifle, daß Menschen in der Lage sind, das Lachen von Engeln zu vernehmen. Wenn Engel lachen, klingt das wie Vogelgezwitscher.
Engel-Telefon? *Ausgezeichnet, Jim.* Ich glaube, er hat eine Vorstellung davon, wie wir uns mitteilen. Engel sind alles andere als geheimnisvoll; jeder kann uns verstehen, sofern er ein liebevolles Herz besitzt. Gedankenaustausch von Herz zu Herz, wie Vater das nennt.
»Pat, ich glaube, er spricht zu mir.«
Stimmt genau, Jim.
»Durchaus möglich«, sagt Pat.
Gewiß sogar, Pat.
»Dann verrat mir doch mal, Big George, was ein Engel wie du an einem Ort wie diesem verloren hat«, will Jim wissen. Seine Stimme klingt schalkhaft.
»Jim!« ruft Pat und verzieht das Gesicht, »Wenn dich einer hört, wird er meinen, du wärst übergeschnappt!«
Übergeschnappt? Hmm ... mal nachdenken.
Krokodile schnappen. Schwer auf Jim anzuwenden, trotzdem werde ich ihm antworten.
Vater hat mich geschickt, um die Menschen daran zu erinnern, daß wir einander lieben sollen, Jim.
»Na, Jim, hat er dir geantwortet?« Wieder Pat. Ihr Gesicht drückt Belustigung aus.

»Er hat. Ob du's glaubst oder nicht.«
»Was hat er denn gesagt?«
»Vater hat mich geschickt, um die Menschen daran zu erinnern, daß wir einander lieben sollen.«
Pat lächelt. »Dann richte ihm aus, Jalil und ich hielten ihn für besonders geeignet, diese Botschaft zu verbreiten.«
Danke, Pat, sehr schmeichelhaft.
»Er läßt dir bestellen, daß er deine Bemerkung sehr schmeichelhaft findet.«
»Jim, jetzt hör aber auf damit! Ruf lieber die Mädchen an.«
Jim lacht. »Da hast du's, Big George. Ständig scheucht sie mich herum. Trotzdem liebe ich sie. Und wie du gehört hast, muß ich jetzt Kathy und Beau anrufen, aber dann bin ich wieder da. Geh nicht fort.«
Ich habe nicht die Absicht, irgendwohin zu gehen, Jim, ehe ich den Auftrag meines Vaters erfüllt habe.
Jim entzieht mir behutsam seinen Finger.
Vater, deine Botschaft hat immerhin schon zwei deiner Kinder erreicht. Bleiben nur noch etwa fünf Milliarden. Mein lieber Mann, wenn es in diesem Tempo weitergeht, werde ich länger hier unten verweilen als Methusalem.

Wer gibt die Weisheit in das Verborgene?
Wer gibt verständige Gedanken?
Hiob 38, 36

Achter Tag

Jedesmal, wenn ein neuer Tag anbricht, genieße ich mein Erdendasein ganz besonders. Alle sind gut drauf. Jim und Pat pflegen morgens gemeinsam zu erscheinen, und dadurch kann sich Jim länger mit mir abgeben, während sich Pat mit Jalil beschäftigt. Heute habe ich gehört, wie Jim zu Vater gesprochen und ihn gebeten hat, uns Kraft zu schenken. Jim scheint wohl zusätzlich nicht zu wissen, daß Vaters Kraft in mir ist und ich zusätzlich Kraft schöpfe aus Jim, aus Mom, Dad, Susan, Dr. Miles, Pat – einfach aus allen, die sich um mich kümmern. So wie alle Menschen durch die Liebe, die sie einander schenken, Kraft schöpfen. Liebe vereint die Menschen, hat Vater gesagt. Und da der Mensch keine Insel ist, wie das ein gescheiter Mann einmal geschrieben hat, sondern wie ein Baum in den Wäldern, ein Insekt auf dem Boden, ein Fisch im Meer – wo einer ist, sind unendlich viele. Vögel fliegen in Schwärmen durch die Luft. Fische tummeln sich zu Hauf im Meer. Derjenige, der sich ins Abseits stellt, ist ohne mich. Hat Vater gesagt.
Und er muß es schließlich wissen, klug wie er ist. Er weiß einfach alles. Manchmal allerdings ist die eigene Klugheit gefragt, dann nämlich, wenn es darum geht, Vaters Ant-

worten zu deuten. Um einem seine Weisheit zuteil werden zu lassen, beruft sich Vater gern auf den Glauben. Weil es dem Menschen an Glauben mangelt, mehr als an allem anderen. Seine Lieblingsgeschichte ist die von dem Menschen, der einem Fingerzeig von Vater nachspürte. »Als Knabe hatte er sich versündigt und mich dadurch verloren, und nun verlangte es ihn nach einem Zeichen, um wieder zu mir zurückzufinden. Einmal lag er im Frühling auf einer Wiese, unter einem frisch ergrünten Baum, und sagte zu mir: ›Gott, wenn es dich gibt, dann mach, daß das dritte Blatt vom obersten Ast dieses Baumes herunterfällt und auf meiner Nase landet.‹

Natürlich kam ich dieser Aufforderung nicht nach. Zu lächerlich. Während der Zeit, da der Knabe zum Manne reifte, forderte er mich immer wieder heraus, um einen Beweis für meine Existenz zu erhalten. Er bat mich um Flügel, damit er fliegen könne, was ich angesichts der Flugzeuge, die ich ihm bereits gegeben hatte, reichlich dumm fand. Dann wieder wollte er, daß ich den Tag zur Nacht mache, was ich ebenfalls als törichtes Ansinnen wertete, da dies doch nach Ablauf eines jeden Tages geschieht. Er rief mich an, ich solle ihm die Fähigkeit verleihen, auf dem Wasser zu wandeln, versuchte sich darin vermutlich, um zu testen, ob ich ihn retten würde, anstatt ihn früher als erwartet mit dem Himmel bekanntzumachen – und ertrank um ein Haar. Sein ganzes Erdendasein hindurch ließ er nicht davon ab, einem Zeichen von mir nachzuspüren. Im Alter von neunzig Erdenjahren schließlich, kurz vor seinem menschlichen Tode, erschien ihm Jesus, um ihn auf das Paradies vorzubereiten, und ich muß sagen, der Mann war überwältigt. ›Wie ist es möglich, Gott‹, betete er, ›daß mir, einem Zweifelnden im Glauben, eine derartige Gnade zuteil wird?‹ Worauf der Sohn erwiderte: Wenn ein Mensch dem nachspürt, was er zu finden hofft, ist dies das Wesen des Glaubens.«

Susan weist die Eltern von Jalil darauf hin, daß sie jetzt das Zimmer verlassen müssen, da die Schläuche ausgetauscht werden. »Nur für etwa eine Viertelstunde«, beschwichtigt Susan, »dann dürfen Sie wieder rein. Sie haben also Zeit, einen Kaffee trinken zu gehen.«
Ich stelle fest, daß ich den Begriff *Zeit* bereits mehrmals verwendet habe. Seit ich hier bin, ist häufig davon die Rede. Bei Erwachsenen scheint sich alles um die Zeit zu drehen. *Zeit* zu essen. *Zeit* zu gehen. *Ich habe nicht viel Zeit. Zeitverschwendung.* Immer wieder lassen sie sich über Zeit aus. Im Himmel habe ich mal gehört, wie ein ausgewachsener Engel Vater fragte, warum es den Menschen gegeben ist, derart auf Zeit bedacht zu sein.
»Vater«, hatte der Engel vorgebracht, »selbst während meiner Lehrzeit als Mensch habe ich das Getue um die Zeit nie verstanden; es ist, als ob alles, ob Gutes oder Böses, nach den Sekunden und Minuten der Erdumdrehung bemessen würde. Bis zu meiner Rückkehr ins Paradies, so nahm ich an, würde ich alles über die Menschen wissen – aber das mit der Zeit bleibt mir nach wie vor ein Rätsel. Warum lassen sich die Menschen von der Zeit geradezu knechten?«
Wenn Vater sich davor drücken will, einem alles zu verraten, was er weiß, pflegt er in Rätseln zu sprechen, die, oft

als humorvolle Geschichten verpackt, bei uns Baby-Engeln helle Begeisterung hervorrufen.
Ich sehe noch deutlich Vaters Gesicht vor mir, von einem Grinsen, größer als der Regenbogen eines Planeten, überzogen, als er auf die Frage des Engels einging: »Ehrlich gestanden: Mir ist das auch schleierhaft. Ich habe die Zeit geschaffen, um dem Menschen Abwechslung zu geben. Ohne die Bewegung der Sterne, der Sonne und des Mondes gäbe es keine Abwechslung, und Bewegung ist für sie gleichbedeutend mit lebendig sein. Daß sie die Bewegung, den Ablauf der Zeit als etwas Bedrückendes empfinden, lag mir dabei fern. Wahrscheinlich hängt das mit dem von mir beabsichtigten Geheimnis um die Schöpfung zusammen – alles scheint vollendet, allerdings nur einen Augenblick lang; und im nächsten Augenblick nimmt die Vollkommenheit eine andere Form an. Vielleicht habe ich da ein bißchen geschlampt, vielleicht sogar absichtlich.«
Vater zwinkerte. »Alles, was ich erschaffen habe, ist, wie es scheint, gelungen – bis auf die Versessenheit des Menschen, Herr über die Zeit sein zu wollen. Meine Absicht war es, die Zeit dem Menschen als Freund zur Seite zu stellen, ihm damit eine sich ständig verändernde Atmosphäre von Schönheit in Vollendung zu bieten, ähnlich den Wolken, die sich ständig verändern. Dennoch scheint Zeit für den Menschen eine Bedrohung zu sein.«
Ziemlich kompliziert für einen kleinen Engel wie mich.
»Aber, Vater«, beharrte der Engel, »der Mensch wurde nach deinem Ebenbild geschaffen, und du bist vollkommen.«
Wieder zwinkerte Vater. »Könnte doch sein, daß es mir Spaß macht, dem Menschen Entscheidungen zu überlas-

sen, die ich meinen anderen Geschöpfen nicht zugestehe. Ich bin der allmächtige Gott, als der ich dem Menschen gestatte, Herr seiner selbst zu sein.«
»Verstehe, Vater.« Und damit verzog sich der Engel wie Dampf im Sonnenlicht.
Ich verstehe noch immer nicht. Vielleicht, wenn ich wieder im Himmel bin? Aber jetzt wird es erst einmal Zeit für mich, ein Weilchen die Augen zu schließen.

Stimmen, die mir völlig fremd sind. Sie kommen von der anderen Seite von Jalils Bettchen. Weinen. Erwachsene Menschen. Hören sich an wie Eltern.
»Bitte, Mrs. Russell, beruhigen Sie sich doch. Wir können nicht zulassen, daß die anderen Eltern gestört werden.« Das ist Susan.
»Peg, sie tun doch ihr Möglichstes. Du steigerst dich nur noch mehr in deinen Kummer hinein. Laß es gut sein, Liebes.« Die Stimme eines Mannes.
»Bitte, laßt mein Baby nicht sterben! Ich will nicht, daß es stirbt. Großer Gott! Warum tust du mir so etwas an! Antworte mir, verdammt noch mal! Warum bloß?!« Eine Mutter?
Piep! Piep! Piep! Piep! Piep! Piep!
»Ist das mein Baby? Kommt das von meinem Baby?«
»Doktor Stanton, Doktor Williams. Bitte kommen Sie zur Intensivstation. Code blau. Ich wiederhole: Doktor Stanton, Doktor Williams. Code blau.«
Wieder diese merkwürdige Stimme.
Ich höre eine Menge Leute hin und her eilen. »Wir warten lieber draußen, Schatz.« Jims Stimme.

»Sie ist ohnmächtig geworden!« Susan. Wer ist ohnmächtig geworden? Was heißt das: *ohnmächtig geworden?*
»Da ist ja Dr. Williams.« Eine Stimme, die ich nicht kenne.
»Geben Sie der Mutter eine Beruhigungsspritze, und besorgen Sie eine Trage für sie. Wo bleibt das Adrenalin?«
Demnach ist die Mutter des Babies ohnmächtig geworden.
»Schon unterwegs, Doktor.«
»Hier, Doktor.«
Stille. Na los, sagt doch was!
»Atme, Kleines, tief durchatmen! Schon eine Reaktion?«
»Nichts, Doktor.«
»Instrumententablett, Susan.«
»Instrumententablett, Doktor.«
»Bereit, Doktor. Handschuhe?«
»Keine Zeit, muß auch so gehen. Zurücktreten!«
»Die Mutter kommt wieder zu sich!«
»Vergeßt die Trage. Ich schaff's auch so.« Das ist Sammie, der Krankenpfleger. »Mr. Russell, würden Sie mal mit anfassen?«
»Ich ... ich ...«
»Helen, kümmere dich um ihn. Er steht unter Schock.« Sammies Stimme.
Es ist zu spät. Ich spüre den Engel. Das Baby ist bereits im Himmel.
»Nichts zu machen. Exitus. Sie ist von uns gegangen.« Dr. Williams Stimme klingt unendlich traurig. Ich würde ihm gern sagen, daß es keinen Grund gibt, traurig zu sein. Daß es im Himmel wunderschön und alles andere als traurig ist. Und daß früher oder später alle Menschen, die Vater lieben, in den Himmel kommen. Hat Vater gesagt.

Und daß der einzige Zweck unseres menschlichen Daseins der ist, zu Vater zurückzukehren. Was beileibe kein Grund für Traurigkeit ist.

»Susan«, sagt Dr. Williams, »veranlassen Sie alles weitere. Ich komme nach, sobald ich die Eltern beruhigt habe.«

Neben dem kleinen Russell-Mädchen sind heute zwei weitere Freunde in den Himmel zurückgekehrt. Und ich muß bleiben und mich durchkämpfen! Aber für Flügel mit Sonderauftrag heißt es nun mal, der Verlockung des Lichts zu widerstehen. Dabei fällt es mir, ehrlich gesagt, schwer, hier auszuharren. Ich sehne mich nach dem himmlischen Frieden und der Glückseligkeit dort oben, und ganz besonders fehlt mir Vater. Er ist zwar bei mir, nur irgendwie anders.

Ein neu Gebot gebe ich euch, daß ihr
euch untereinander liebet, wie ich euch
geliebt habe, auf daß auch ihr
einander liebt.
Joh. 13, 34

Neunter Tag

Abermals ein wunderschöner Tag. (Was Tag ist, weiß ich, weil Vater gesagt hat, daß wir als Mensch eine Uhr im Körper haben.) »Seht euch um«, hat Vater gesagt. »Schaut die Wunder. Ist nicht jeder Tag wunderschön? Na also. Wenn meine Erdenkinder doch nur mit den Augen meiner Engel sehen könnten!« Vater ist stolz auf seine Schöpfung, auf die er, wie er sagt, all seine Liebe verwandt hat.

Jim und Pat sind bei Jalil. Auch wenn Jim mich nicht berührt, spüre ich, daß er mich lieb hat. Wahrscheinlich meint er, ich schlafe ... Ja, ich ahne bereits euren Einwand: Engel und schlafen? Freilich schlafen wir. Mal sehen ... mit welchem Erdenvergleich kann ich euch das begreiflich machen? Jetzt hab ich's! Engel schlafen, wie der Wind schläft – sie sind wach, ohne sich zu bewegen, in völligem Einklang mit dem Kosmos.

Wenden wir uns wieder Jim zu. Es vergeht kein Tag, an dem er mich nicht berührt; demnach wird er schon noch kommen und mir zärtlich seinen Finger hinstrecken, als äußeres Zeichen seiner Liebe.

Ah. *Liebe.* Damit läßt es sich leben. Ha! Als Engel *bin* ich sie.

»Hallo, Big George.«

Na, wer sagt's denn! Jim steht an meinem Bettchen.

Hallo, Jim.

»Wie geht's denn meinem Baby?«

Mach eine zweiteilige Frage draus, Jim. Als Engel fühle ich mich himmlisch ... wie immer. Als Menschenkind hätte ich, wenn ich der Versuchung nachgeben würde, so einiges zu beanstanden.

»Kleines Kerlchen, wenn es überall auf der Welt so viel Liebe gäbe, wie du sie verströmst, wäre das Leben leichter. Weißt du was? Sobald ich dazu komme, werde ich ein Buch über dich schreiben.«

Ein Buch? Wäre geradezu phantastisch, Vaters Botschaft auf diese Weise all seinen Kindern zugänglich zu machen. Er hat natürlich bereits ein Buch veröffentlicht. Jawohl. Ein sehr dickes Buch. Wenn seine Kinder vielleicht erst einmal ein dünneres Buch lesen würden, eins, das sie derart fesselt, daß sie sich anschließend – erneut oder zum allerersten Mal – Vaters Buch vornehmen ...?

Nur ein kleines Buch mit der schlichten Botschaft: Liebet einander. Alles andere ist unwichtig. Wie Vater uns liebt, sollen auch wir einander lieben. Vater hat aber auch gesagt: »Wer seine Brüder und Schwestern haßt, haßt mich.«

Als mir Vater seine Botschaft für die Menschen anvertraute, tat er das ungewohnt eindringlich, und er zeigte sich so bekümmert, wie ich das noch nie bei ihm erlebt hatte. Er weinte sogar.

»Meine Kinder, die mir alles bedeuten – warum wollen sie

nicht begreifen, daß Dunkelheit nicht ins Licht treten kann, daß sie mit Haß nicht erreichen, was einzig die Liebe vermag? Haß entfremdet mir meine Kinder, und ich, der ich die Liebe bin, kann sie nicht zur Liebe zwingen. Liebe ist niemals erdrückend, niemals zerstörend. Ich bin die Liebe, und obwohl ich allmächtig bin, hindert mich das daran, anders zu sein als ich bin. Wie Feuer den Fluß nicht verbrennen kann, können Haß und Bosheit nicht von Liebe und Güte Besitz ergreifen und miteinander verschmelzen. Nur durch die Liebe finden meine Kinder zu mir zurück.«

Mit der freien Hand hat Jim mein Gesicht berührt. »Schon gut, Big George. Ich höre dein Herz zu mir sprechen. Im Augenblick steht mir zwar das Wasser bis zum Hals, und ich muß mich wohl auf noch Schlimmeres gefaßt machen, ehe es wieder aufwärts geht, aber ich verspreche dir, daß ich mit deiner und Gottes Hilfe dieses Buch schreiben werde.«

»Halten Sie jetzt schon den Babies Vorträge?«

Das ist Susan. Sie klingt fröhlich.

Jim lacht herzlich. »Von wegen, Susan – ich spreche mit einem Engel.«

Natürlich nimmt Jim nicht wirklich an, daß ich ein Engel bin. Er vergleicht mich höchstens mit einem. Ob ich mal eben, ganz kurz nur, meinen Körper verlasse ... vielleicht die Lichter aus- und anknipse, dafür sorge, daß sich ein paar Gegenstände verselbständigen ...

»George! Was habe ich über Schabernack treiben gesagt?«

War doch nur Spaß, Vater.

»Das will ich auch hoffen. Und was Jim betrifft – wenn ich

es will, wird er schon dahinter kommen, wer du bist. Im Augenblick jedoch bist du weiterhin ein Menschenbaby ... also schlaf jetzt auch wie eins.«

Tut mir leid, Jim, ich muß Vater gehorchen.

»Schlaf jetzt, kleiner Wicht. Pat und ich werden eine Kleinigkeit essen gehen, und dann bin ich schon wieder da. Außerdem besuchen dich ja vielleicht heute oder morgen deine Eltern.«

Daran sollt ihr den Geist Gottes erkennen:
Ein jeglicher Geist, der da bekennet,
daß Jesus Christus ist in das Fleisch
gekommen, der ist von Gott.
1. Joh. 4,2

Zehnter Tag

Mir ist, als hätte ich Mutter und Dad gespürt!
Mutter, deine Zärtlichkeiten tun mir so gut. Wein doch nicht, Mutter, bitte.
»Ach, George, ich kann noch immer keine Veränderung bei ihm feststellen. Dabei hatte ich so sehr gehofft.«
»Sharon, darüber haben wir schon hundertmal gesprochen. Wäre vermutlich besser gewesen, nicht herzukommen. Wir wissen doch beide, daß es mit ihm zu Ende geht. Daß du dich so rumquälst, ändert auch nichts daran.«
»George Hawkins! Untersteh dich, so was zu sagen! Unser Sohn braucht uns, und wir werden bei ihm sein, wann immer wir es einrichten können.«
»So war das nicht gemeint, Sharon. Ich kann nur nicht mit ansehen, wie du leidest. Das macht mich nur noch trauriger. Ein so süßer Fratz! Man muß ihn einfach liebhaben.«
»Weiß ich doch, George. Und ich weiß auch, daß Jesus unser Kind mit seiner unbefleckten Seele zu sich in den Himmel nimmt, wie auch wir eines Tages Aufnahme finden werden bei ihm, der als Menschensohn zur Erde gekommen ist, um uns zu erlösen.«

»Gewiß, Sharon, und dieser Gedanke ist mir ein Trost.«
Mein Herz jauchzt! Mutter und Dad stammen ebenfalls von Vater ab. Fragt sich, ob sie Engel sind, die bereits so viele Erdenjahre hinter sich gebracht haben, daß sie nicht länger unsere Sprache verstehen. He, vielleicht sind wir eine Familie aus lauter Engeln! Wäre geradezu umwerfend!
Wo ist Jim?
»Guten Morgen, Sharon und George. Freut mich sehr, Sie wiederzusehen.«
Da ist ja mein Jim.
»Guten Morgen, Jim. Guten Morgen, Miss Pat.« Dads Stimme ist ganz ähnlich wie die von Vater: klar.
»Wir haben uns in Ihrer Abwesenheit ein wenig um Big George gekümmert. Übrigens, George, wenn Sie nichts dagegen haben ... also, wenn Sie und Sharon sich in einem Motel in der Nähe einquartieren möchten, würden Pat und ich gern die Kosten übernehmen, die Ihnen dadurch entstehen. Und für den täglichen Weg ins Krankenhaus und zurück könnten wir Sie in unserem Auto mitnehmen.«
»Furchtbar nett von Ihnen, Jim, aber wir können leider nicht annehmen. Die Arbeit ruft. Wenn ich für längere Zeit aussetze, schmeißt man mich möglicherweise raus. Außerdem könnten wir Ihnen das gar nicht zurückzahlen.«
»Das sollen Sie auch nicht, Mr. Hawkins«, sagt Pat. »Für uns wäre es einfach eine Freude, Ihnen und Sharon zu ermöglichen, bei Big George zu bleiben.«
»Lieb von Ihnen, Miss Pat«, sagt Mutter, »aber George hat

recht. Wir können unmöglich Geld von Ihnen annehmen. Das brauchen Sie doch selbst.«

»Ein Vorschlag zur Güte: Pat und ich gehen jetzt einen Happen essen, und inzwischen überlegen Sie es sich, ja?«

»Wie Sie meinen, Jim. Jedenfalls danke für Ihr Angebot.«

Nachdem Jim und Pat weg sind, sagt Dad: »Feiner Kerl, dieser Jim, und daß er und seine Frau uns unter die Arme greifen wollen, damit wir bei unserem Baby sein können, ist mächtig anständig. Trotzdem sollten wir ihr Angebot ausschlagen. Schon weil dem Mann deutlich anzumerken ist, daß er selbst Sorgen genug hat. Auf die beiden kommen harte Zeiten zu. Miss Susan sagt, Jim entgeht ein schöner Batzen Honorar, und versichert sind sie auch nicht. Daß heißt, sie müssen die Kosten für ihren Sohn aus eigener Tasche bezahlen. Laut Miss Susan macht das zweitausend Dollar pro Tag. Manchmal ist's direkt besser, arm zu sein. Wir jedenfalls hätten Mühe, so viel Geld für das Krankenhaus aufzutreiben.« Dad lacht kurz auf, aber es ist mehr ein verlegenes Kichern. »Vielleicht sollten wir ihnen Hilfe anbieten.«

»Sie scheinen gute Christen zu sein«, sagt Mutter.

Stimmt, Mutter, sind sie. Jim versteht, was in meinem Herzen vorgeht, und ich weiß, daß Vater mit ihm über mich spricht.

Nachdem Pat und Jim zurück sind, lehnt Dad endgültig ab, auf ihr Angebot einzugehen. Soll wohl so sein. Ich bin voll und ganz überzeugt, daß alles, was mit meinem menschlichen Leben zusammenhängt, nach dem Willen des Vaters geschieht; deshalb stört mich das nicht weiter. Nur die Schmerzen ... na ja, und mein Piepser. Vorhin hat

ein anderer die Rückkehr einer Schwester in den Himmel vermeldet.
Mutter und Dad blieben den ganzen Tag bei mir. Nur einmal – als Mutter und Dad beim Essen waren – kam Jim kurz zu mir herüber. Er sagte zwar nicht mehr als vier Worte, dafür waren es die beglückendsten, im Himmel wie auf Erden, nämlich: »Ich hab dich lieb.«

Gastfrei zu sein, vergesset nicht;
denn dadurch haben etliche
ohne ihr Wissen Engel beherbergt.
Hebräer 13, 2

Elfter Tag

Wenn ich nur verstehen könnte, was Jim und Pat, sobald sie morgens aufkreuzen, als erstes machen! Es hat mit etwas zu tun, was sie »Jalils Krankentabelle und die Röntgenaufnahmen einsehen« nennen und »Meßgeräte ablesen«. Gleich nach meiner und Jalils Einlieferung habe ich mitbekommen, wie Susan ihnen das alles erklärt hat. Scheint damit zusammenzuhängen, wann Jalil entlassen werden kann, weil Jim immer wieder sagt: »Eines Tages werden wir erleben, daß sich sein Zustand sprunghaft verbessert hat, und dann ist abzusehen, daß wir ihn mit nach Hause nehmen dürfen.« Pat schluchzt dann jedesmal auf, aber es klingt erleichtert.

»Keine Veränderung auf dem Röntgenbild, Liebes«, sagt Jim. »Langsam frage ich mich ... Pat! Laß doch mal Jalil los und geh einen Schritt zurück!«

Jim ist ganz aus dem Häuschen. Weswegen nur?

»Was?!« ruft Pat aus.

»Einen Schritt zurück, Liebling. Ich glaube, er hat auf deine Berührung reagiert. Vielleicht macht er es noch mal.«

Macht was noch mal?

»Gut so, die Zeiger schlagen wieder aus, sein Gesicht verfärbt sich. Und jetzt faß ihn wieder an. Laß die Hand auf ihm liegen. Ja, so ... Schau auf die Sauerstoffanzeige, und behalt Jalil im Auge. Die Nadel hat sich wieder stabilisiert. Siehst du, wie er Farbe annimmt? Ganz rosig wird er.«

»Jim«, sagt Pat, »du glaubst doch nicht ...«

»Keine Ahnung. Versuch's noch mal.«

Ich wüßte nur zu gern, was eigentlich los ist.

»Da ... der Zeiger schlägt wieder aus. Die Farbe wird blaustichig. Berühre ihn noch mal.« Blau? Als ich ihn sah, war er weiß und hatte rote Haare. Von blauen oder rosigfarbenen Menschen hat Vater nie etwas erwähnt.

»Wieder rosig. Wieder stabilisiert. Susan!«

»Ja, Jim?«

»Komm doch mal her, und schau dir das an. Mach's noch mal, Liebes.«

»Tatsächlich! Nicht zu fassen!« Susan ist überglücklich. Ich glaube, langsam fange ich an zu begreifen. »Marie!« So heißt eine weitere Krankenschwester auf dieser Station. »Marie, holen Sie die anderen! Jalil reagiert auf meine Berührung. Reagiert geradezu verblüffend!«

Alle reden derart aufgeregt durcheinander, daß ich von dem, was sie sagen, nur Bruchstücke aufschnappe.

»Bei mir reagiert er nicht«, meint Susan. »Jim, haben Sie es mal versucht?«

»Noch nicht. Mal sehen.« Stille, dann: »Nein, bei mir auch nicht. Pat, jetzt du noch mal. Oh ..., da sind ja die anderen. Sehen Sie nur, Dr. Miles! Sehen Sie das? Aber nur, wenn Pat ihn berührt.«

Nach einer Weile sagt Dr. Miles: »War wohl ausgesprochen dumm von mir, Eltern überreden zu wollen, zu Hause abzuwarten. Jalil geht es zweifellos besser, wenn Pat bei ihm ist. Natürlich ist er noch immer nicht endgültig über den Berg. Obwohl es ganz danach aussieht, als ob ich, der ich mich, wie Sie sich bestimmt noch erinnern, auf meine Statistik berief, damit Sie, Jim, sich keine falschen Hoffnungen machen, soeben eines Besseren belehrt worden bin. Ich glaube sagen zu dürfen, daß zumindest der Prozentsatz Hoffnung gestiegen ist.«

So ganz stimmt das nicht. Jalil reagiert, nicht anders als wir alle, auf Liebe. Und die liebevolle Berührung bewirkt eben noch mehr als eine freundliche Umgebung. Das hat mir Vater gesagt, und ihr nehmt doch nicht etwa an, daß er mich als Botschafter der Liebe hier runterschickt, ohne mich vorher mit dem Thema Liebe eingehend vertraut zu machen, wie? Ich bin ...

Piep!

Ach du Schreck! Das bin ja ich!

»Big George!«

Piep! Piep! Piep!

... das Licht ist ungemein verlockend ...

Piep! Piep! Piep! Piep! Piep! Piep!

Jim. Ich spüre Jims Finger. Danke, Vater, ich brauche Jim. Ahhhh. Und Pat auch. Dank auch dafür, Vater.

»Du hast uns aber gerade einen mordsmäßigen Schreck eingejagt, kleiner Bursche.«

War nicht meine Absicht, Jim.

Pat streichelt mich. Wow! Ein wahrer Liebesschauer überrieselt mich! Ob ich mich jetzt auch rosig verfärbe?

»Was für ein großes Herz in diesem winzigen Körperchen

steckt, Jim. Die Kämpfernatur von Big George läßt mich auch für Jalil hoffen.«
»Tapferer kleiner Mann! Dieser weiße Verband hüllt ihn fast vollständig ein. Wenn man bedenkt, daß er bereits zum zweiten Mal am offenen Herzen operiert worden ist! Susan sagt, sämtliche Ärzte stünden vor einem Rätsel. Es ist ihnen unbegreiflich, wie vehement er sich dagegen stemmt, in den Himmel zurückzukehren.«
Ganz einfach. Ich muß Vater gehorchen, seine Mission erfüllen. *Ich habe euch alle von Herzen lieb. Das Licht will mich holen, und ich würde ihm gern folgen, aber ich muß bleiben und meine Liebe unter Beweis stellen. Ich danke euch, Jim, Pat und Susan. Eure Liebe, auch die von Mutter und Dad und allen anderen, hilft mir, weiterhin bei euch zu bleiben.*
Wenn sie mich bloß hören könnten! Nicht nur die hier im Krankenhaus, sondern alle Menschen auf der Welt. Meine Mission bedeutet Vater ungemein viel – und ich werde hier festgehalten. Es muß doch einen Weg geben, Vaters Botschaft schneller zu verbreiten! Wann Jim dazu kommt, sein Buch zu schreiben, ist vorläufig nicht abzusehen.
»Nicht sterben, kleiner Mann.«
Sterben, Jim? Er sollte doch wissen, daß der Tod den Kindern Gottes nichts anzuhaben vermag. Dafür hat Jesus gesorgt. Durch den Vater besitzen wir das ewige Leben. So steht es geschrieben. Nur Sonnen sterben.
»Er ist ein Engel, finden Sie nicht?« Das ist Susan. *Stimmt genau, Susan, bin ich. Ich kann zwar noch nicht mit Flügeln aufwarten, aber das kommt schon noch.*

»Daran besteht für mich kein Zweifel«, erwidert Jim.
Pat weint, und ich bin der Grund dafür. Ihre Tränen fühlen sich wie die von Mutter an. Es ist mir peinlich, daß meinetwegen so viele Tränen vergossen werden.
»Jedenfalls würde es mich nicht wundern«, sagt Pat, »wenn dem tatsächlich so wäre. Jim kümmert sich zwar mehr um ihn als ich, aber wenn ich mal nach ihm schaue, kommt es mir vor – na ja, das klingt jetzt vielleicht kitschig –, es kommt mir vor ... doch ja, als wäre ich in der Kirche.«
Alle lachen.
»Ich finde das überhaupt nicht kitschig, Pat«, sagt Susan. »Uns geht es nicht anders. Ganz feierlich wird einem zumute, wenn man bei ihm ist. Zumindest mir geht es so, und meinen Kolleginnen nicht viel anders.«
Das hat natürlich nichts mit mir persönlich zu tun. Sie spüren vielmehr Vaters Gegenwart. Auch ich spüre sie, ständig. Er wacht über mich.
»Für Außenstehende ist es eben schwer zu begreifen, was in einer solchen Klinik geschieht«, sagt jetzt Jim. »Vor ein paar Tagen mußte ich mit Florida telefonieren und einen Vortrag absagen. Ich habe dem Mann, mit dem ich sprach, erklärt, es sei für uns wichtiger, hier bei Jalil zu bleiben. Und wissen Sie, was er darauf antwortete? Daß er das durchaus verstehen würde ... wenn Jahl älter wäre. Und daß er rechtliche Schritte einleiten würde, wenn ich den Vortrag nicht hielte ... Wie alt muß man nach Meinung dieses Mannes denn sein, um sein Recht auf Leben geltend machen zu können?! Man braucht doch nur einen Blick auf Big George und Jalil zu werfen, um zu erkennen,

daß beide vollkommene Menschen sind. Auf die Körpergröße kommt es dabei doch gar nicht an! Wenn Sie mich fragen – ich glaube sogar, daß Big George jedes Wort von unserer Unterhaltung versteht.«

Na ja, Jim, nicht alles, aber das meiste.

»Jim«, sagt Susan, »es ist keineswegs so, daß andere kein Verständnis aufbringen können. Sie scheuen sich vielmehr davor, sich dazu durchzuringen, es auch unter Beweis zu stellen. Ein krankes Kind ist das Schlimmste, das man sich vorstellen kann. Und um solch quälende Gedanken gar nicht erst aufkommen zu lassen, nimmt man lieber nicht zur Kenntnis, daß so etwas tatsächlich vorkommt. Als ich hier anfing, wunderte ich mich zunächst über die Namensschilder an den Betten. Statt zu verniedlichen und von Säuglingen oder Neugeborenen zu sprechen, fordern diese Schilder auf, in jedem dieser kleinen Wesen den Menschen zu sehen. Gewiß, Big George ist nicht viel größer als meine Handfläche, aber an seinem Körperchen ist alles dran und alles voll ausgebildet. Er sieht. Er hört. Er denkt. Er empfindet Schmerz. Dabei ist er, vom Zeitpunkt der Empfängnis an gerechnet, nicht älter als sechseinhalb Monate. Vor wenigen Monaten haben wir ein Frühchen gerettet, das bei der Geburt lediglich zwei Pfund wog. Gut möglich, daß uns das im Laufe der nächsten Jahre, vielleicht sogar schon sehr bald, auch bei Säuglingen von nur einem Pfund gelingt.

Gerettet? Was uns rettet und erlöst, ist die Liebe.

Mein Körper sagt mir, daß ich müde bin ...

Liebe verträgt alles,
sie glaubt alles, sie hofft alles,
sie duldet alles.
1. Korinther 13, 7

Zwölfter Tag

Gestern waren Jim und Pat länger da als sonst. Bestimmt hat das etwas mit Pats liebevollen Berührungen zu tun. Um so besser, nicht nur für Jalil, sondern auch für mich, weil sich Jim infolgedessen auch mehr mit mir abgab. Zumal es mir scheußlich ging und ich, wenn Jim nicht dagewesen wäre, möglicherweise der Versuchung nachgegeben hätte, dem Licht zu folgen. Heute morgen strahlt Pat übers ganze Gesicht. »Sehen Sie nur! Er tut es wieder!« ruft sie Dr. Miles entgegen.

»Hören Sie, Pat, ich möchte nicht, daß Sie beide Ihre Hoffnungen zu hoch schrauben. Jalil ist, wie schon gesagt, noch immer krank. Sie müssen berücksichtigen, daß Ihr Sohn seit zwölf Tagen ausschließlich künstlich beatmet wird. Sauerstoff über einen längeren Zeitraum hinweg kann bei einem Säugling, ja selbst bei einem Erwachsenen, gravierende Folgen haben. Nicht, daß ich Ihre Erwartungen enttäuschen möchte, aber im Hinblick auf seine Genesung sollten Sie realistisch bleiben.«

»Dr. Miles«, sagt Jim, »stimmen Sie mir anhand Ihrer Erfahrungen zu, daß, wenn jemand eine, sagen wir, leichte Lungenentzündung hat, und ein anderer eine so schwere, seine Überlebenschancen mehr oder weniger gleich Null sind, der mit der leichten Lungenentzündung stirbt, der mit der schweren jedoch durchkommt? Und daß das nicht nur für Lungenentzündungen gilt, sondern auch für andere Krankheiten, zum Beispiel Krebs?«

»Natürlich, Jim. Ich sage ja nicht, daß Jalils Zustand aussichtslos ist; ich möchte nur, daß Sie alle Möglichkeiten in Erwägung ziehen.«

»Was in Erwägung ziehen – daß es schiefgeht? Ich bin Schriftsteller, Dr. Miles. Wenn ich mich hinsetze und schreibe, denke ich keine Sekunde lang daran, daß dies ein zum Scheitern verurteiltes Unterfangen ist, genauso wenig wie ein Fußballspieler beim Betreten des Rasens einen Gedanken an eine mögliche Niederlage verschwendet. Pat und ich halten hier keine Totenwache. Wir sind hier, um mitzuerleben, daß unser Sohn es schafft!«

Au Backe! Selbst ein Komet könnte diese Stille nicht zerteilen, so dick ist sie!

Es ist Dr. Miles, der das Schweigen bricht, und ich spüre die Liebe, die in seinen Worten mitschwingt. »Sie haben recht, Jim. Ich habe wohl versucht vorzubauen und Ihnen meine Verteidigungsmechanismen aufzudrängen.«

»Sie brauchen sich nicht zu rechtfertigen, Dr. Miles. Ich verstehe sehr gut. Tut mir leid, daß ich so heftig geworden bin. Ich hätte daran denken sollen, daß Sie bei Ihrer Arbeit einem unvorstellbaren Druck ausgesetzt sind.«

»Und ich hätte einmal mehr berücksichtigen müssen, welch unvorstellbarer Druck auf Ihnen lastet. Ich bin nur der Arzt hier. Sie dagegen sind die Eltern dieser Kinder. Die mir, wie ich Ihnen versichern darf, sehr am Herzen liegen.«

»Das wissen wir doch«, sagt Pat.
Jeder sollte jeden lieben. Das wollte ich nur mal angemerkt haben.
»Jeder sollte jeden lieben ... Wirklich seltsam. Keine Ahnung, was mich zu dieser Äußerung veranlaßt. Ist mir eben durch den Kopf geschossen!« Also wirklich, Pat, ich glaube, du bist auf dem besten Wege, die Sprache der Engel zu verstehen.
Natürlich war es Pats liebendes Herz, das ihr diese Worte eingegeben hat ... mit ein klein wenig Nachhilfe meinerseits.
Jetzt lachen sie alle, und das ist genau das, was ich bezweckt habe. Lachen ist etwas Herrliches. Es macht mich fröhlich.
»Seht euch Big George an«, sagt Jim, »er scheint zu lächeln.«
»Tatsächlich«, sagt Dr. Miles. »Vielleicht träumt er was Schönes. So, jetzt muß ich aber weiter. Ich schaue nachher noch mal vorbei.«
Der weitere Verlauf des Tages war direkt himmlisch. Meine Brüder und Schwestern schliefen meist; nicht einer unter ihnen, der in den Himmel zurückkehrte.

Hoffnung aber läßt nicht zu Schanden werden;
denn die Liebe Gottes ist ausgegossen
in unser Herz durch den Heiligen Geist,
welcher uns gegeben ist.
Römer 5, 5

Dreizehnter Tag

Obwohl mein Körper unentwegt von Schmerzen gepeinigt wird, ist die Liebe hier wie die Tauben des Himmels, die Vaters Herz erquicken. Das besänftigt mein menschliches Ich. Der Heilige Geist entfacht in mir ein Feuer der Kraft, das mich durchhalten läßt, und außerdem bin ich mir bewußt, daß der Heilige Geist nicht nur in den Herzen der Engel wohnt, sondern in den Herzen all jener Menschen, die Vater lieben und verehren und guten Willens sind.
Vater hat gesagt, es gibt Menschen, die mit dem Heiligen Geist nichts anfangen können; daß es verwirrend für sie ist, ihn, Vater, als Dreifaltigkeit zu sehen. Komisch, für mich klang das, was er mir in diesem Zusammenhang erklärte, durchaus einleuchtend.
Vater ist drei Personen in einer. (Ganz schön stark, aus einer drei zu machen, wie?) Er sagte, er hat ständig so viel um die Ohren, daß er sich sozusagen vervielfältigt, um alles auf die Reihe zu bekommen. Vater ist Vater; der Sohn und der Heilige Geist sind aus Vater, genauso wie euer Verstand aus euch ist und euer Herz ebenfalls. Dem

Sohn obliegt das Vergeben. Der Heilige Geist ist zuständig für unser Herz. Und Vater ist – Punktum. Soweit die Erklärung, die Er mir gegeben hat. Bestimmt läßt sich das auch anders erklären, für diejenigen Menschen, die nicht so winzig sind wie ich.

Vater hat jedoch ausdrücklich betont, daß es nicht unbedingt darauf ankommt, die Liebe, die Er verkörpert, zu begreifen. Sondern daß einzig das Ergebnis zählt. Wir können Vater als Rosenbeet schauen oder als Morgensonne, solange die Rosen oder die Sonne unser Herz von allem Bösen reinigen und uns alles so lieben läßt, wie wir geliebt werden. Ob uns das nun einleuchtet oder nicht – jedenfalls will Vater nicht, daß wir uns deswegen die Köpfe heißreden. »Luzifer lacht sich ins Fäustchen, wenn es Streitereien gibt, vor allem legt er es darauf an, religiöse Meinungsverschiedenheiten auszulösen, Kriege zu entfachen, Scharlatane mit unsinnigen Argumenten vollzupumpen. Liebt mich. Liebet einander. Tut Gutes. Haltet meine Gebote. Ich blicke euch ins Herz. Wichtiger als vieles zu verstehen ist eure Liebe zu mir und euren Mitmenschen.«

Piep! Piep! Piep! Piep! Piep! Piep!

Nicht ich. Nicht Jalil. Drei andere sind heute bereits heimgekehrt. Ehe ich hier landete, wußte ich nicht, daß offenbar massenhaft kleine Engel den Himmel bevölkern.

Susan hat mir erzählt, daß sich Mutter und Dad telefonisch nach mir erkundigt haben. Ich weiß, daß meine Eltern nicht ständig bei mir sein können, so schön das auch wäre. Ich brauche die liebevolle Berührung, je häufiger, desto besser. Von einem Schutzengel habe ich erfahren, daß es Vaters Wunsch entspricht, wenn Eltern mit ihren Kindern zusammen sind. Der Engel hat aber auch gesagt, daß die Abwesenheit meiner Eltern von Vater beabsichtigt ist, um Jim Gelegenheit zu geben, mich besser kennenzulernen. Wie auch immer – ich beuge mich Vaters Willen.

Jim versichert mir wiederholt, wie lieb er mich hat. Klar, in meiner Eigenschaft als Engel spüre ich das sehr wohl, und als Mensch ebenfalls. Trotzdem ist es schön, wenn Liebe auch durch Worte zum Ausdruck gebracht wird. Liebe – wie zärtlich das klingt!

Abgesehen von der Piekserei und den Schmerzen, und obwohl Mutter und Dad nicht ständig da sind, bin ich ein glücklicher Engel. Vielleicht könnte man mich als Zweieinigkeit bezeichnen. Ha ha! Kleiner Scherz am Rande. Drängte sich mir auf, weil heute morgen Zwillinge eingeliefert wurden, zwei kleine Mädchen von jeweils drei Pfund. Das Personal ist entsprechend aufgeregt. Die beiden Babies liegen in einem großen Brutkasten, und soweit ich mitbekommen habe, geht es ihnen gut. Abzusehen, daß ihnen ein langes menschliches Leben bevorsteht.

Gelegentlich empfinde ich eine große Leere, und dann meldet sich stärker als sonst das Menschliche in mir. Als ob dieser Teil von mir den Wunsch hätte, so lange wie möglich auf der Erde zu verweilen. Der Engel in mir ist sich dessen auch bewußt.

Wohl den Menschen,
die dich für ihre Stärke halten
und von Herzen dir nachwandeln.
Psalm 84, 6

Vierzehnter Tag

»Na, komm schon, George, laß dein Herz schlagen ... So ist's brav! Du kannst es doch.« Schmerzen. Als ob ein Komet an meine kleine Brust geprallt wäre.
»Wie macht er das nur?«
»Keine Ahnung. Das ist bereits das vierte Mal. Selbst ein Erwachsener würde derart viele Operationen hintereinander nicht überstehen. Diesmal sah es für mich wirklich so aus, als würden wir ihn verlieren. Klammern, Schwester. Möglich, daß ein weiterer Eingriff nötig wird.«
»Ich bin regelrecht sprachlos! So oft wie er hat bestimmt noch niemand einen temporären Herzstillstand verkraftet. Was für ein Kämpfer!«
Meine Kraft ruht in Vater. Mein Herz ist darauf ausgerichtet, ihm Freude zu bereiten (und mir meine Flügel zu verdienen). Bewundert nicht mich. Rühmt Vater. Er allein ist groß. Weder Mensch noch Engel sind zu rühmen. Nein, das brauchte mir Vater gar nicht erst zu sagen. Vater zu kennen heißt *wissen*.
»Auf dem Herweg habe ich Jalils Eltern getroffen. Wie lange sind sie jetzt schon hier?«
»Seit zwei Wochen – jeweils den ganzen Tag über und

einen Großteil der Nacht. Sie sind sehr tapfer, vor allem die Mutter.

Entweder läßt sie sich ihren Kummer nicht anmerken, oder sie ist von Natur aus die stärkere. Ihr Mann – Jim heißt er – scheint dagegen ständig mit den Tränen zu kämpfen. Zweifellos nimmt es sie beide sehr mit.«

»Das Baby soll gut auf den Körperkontakt der Mutter reagieren. Wie lautet die Prognose?«

»Bis vor einer Woche hätte ich gesagt: eher negativ. Inzwischen bin ich mir da gar nicht mehr so sicher. Der Kleine ist lebhaft. Gewicht zufriedenstellend, Herztätigkeit stabil. Wir arbeiten mit dem Emory-Krankenhaus in Atlanta zusammen, um ein Medikament gegen das Virus zu entwickeln, das für seine doppelseitige Lungenentzündung verantwortlich ist. Miles macht sich Sorgen wegen des Sauerstoffs, an dem der Kleine schon viel zu lange hängt. Wenn er nicht bald selbständig atmet, könnte das schlimme Folgen nach sich ziehen. Übrigens, das mit dem mütterlichen Körperkontakt, das hat mittlerweile Nachahmung gefunden. Andere Eltern wollten herausfinden, ob auch ihre Kinder darauf ansprechen, und tatsächlich, so war's. Wir führen darüber zwar keine Statistik, aber es würde mich nicht wundern, wenn die Überlebensrate höher ausfiele, wenn wir allen Eltern ermöglichen könnten, bei ihren Kindern zu bleiben. Der Aufenthalt von Jim und Pat, die in Texas zu Hause sind, muß die beiden ein Vermögen kosten.«

Keine Ahnung, zu wem diese Stimmen gehören, dennoch höchst aufschlußreich.

Piep! Piep! Piep! Piep! Piep! Piep!

Nicht von mir.
»Janie Doe.« Susans Stimme. »Unser geheimnisvolles Mädchen. Hat wieder mal versucht, nicht weiterzuatmen.«
»Geheimnisvolles Mädchen?« Die Stimmen entfernen sich.
»Ja. Normalerweise genügt ein wenig Druck auf die Brust, und sie ist wieder voll da. Hier ist die Kleine. Ein geheimnisvolles Mädchen in der Tat. Eltern unbekannt. Die Polizei brachte sie vor drei Tagen her. Sie wurde nur wenige Stunden nach ihrer Geburt an der Bushaltestelle ausgesetzt und dort gefunden.«
»Hat sie Chancen durchzukommen?«
»Wir glauben ja. Obwohl sie sich, wie gesagt, mit der Atmerei ein bißchen anstellt. Als ob sie nicht weiterleben wollte und lieber wieder in den Himmel zurückkehren würde. Die Mutter fehlt ihr wohl ganz einfach. Miles sagt, sie ist fast voll ausgetragen. Mir bricht es jedesmal schier das Herz, wenn so etwas passsiert!
Unwillkürlich möchte man dann die Mutter verteufeln; dabei hat sie sicherlich aus purer Verzweiflung heraus ihr Kind im Stich gelassen. Scheint auch nicht viel Liebe im Leben erfahren zu haben.«
Liebe, das ist Vater, Susan. Sie verläßt uns niemals, solange wir uns zu Vater bekennen. Ich werde mit ihm über sein Kind sprechen, das ohne Mutter ist.
»Weißt du was, Marie«, sagt Susan, »ich werde das Gefühl nicht los, daß diese Mutter irgendwann hier auftaucht.«
Wann immer ich im weiteren Verlauf des Tages für kurze

Zeit wach wurde, war Jim bei mir. Aus Gesprächen bekam ich mit, daß sich heute drei meiner Freunde Richtung Himmel verabschiedet haben. Scheint, als hätte ich den jeweiligen Zeitpunkt verschlafen.

Und da er (Jesus) das Volk sah, jammerte
ihn desselbigen, denn sie waren
verschmachtet und zerstreut wie die Schafe,
die keinen Hirten haben.
Matthäus 9, 36

Fünfzehnter Tag

Wenn Mutter und Dad nicht bei mir sein können, neige ich dazu, trübsinnig zu werden. Daß meine Zeit hier unten sich dem Ende nähert, bekümmert mich dabei weniger – darauf hat mich Vater gut vorbereitet; die Trauer, die ich als Mensch empfinde, hat vielmehr mit meinen Eltern zu tun und mit Jim, Pat und Susan. Ich möchte ihnen zu verstehen geben, daß wir alle dereinst im Himmel vereint sein werden, im vollen Bewußtsein unseres früheren Menschseins. Vater zufolge ist das einzige, woran wir keine Erinnerung haben, der Tod. »Was nicht ist, daran kann man sich auch nicht erinnern«, hat er gesagt. Meine vorrangige Sorge lautet also: wie stelle ich es an, Mutter und Dad, Jim, Pat und Susan das Wissen zu vermitteln, daß wir uns im Himmel wiedersehen werden? Versuchen wir's mal mit einem Gebet.

Vater, hier ist Big George. Ich muß unbedingt wis...

»Schon gut. Die Antwort auf deine Frage steht in meinem Buch geschrieben.«

Und wenn nun einer diesen Absatz nicht gelesen hat?

»Wer lesen kann, sollte ihn gelesen haben. Ich weiß allerdings, George, daß deine Eltern weder des Lesens noch des Schreibens mächtig sind; deshalb will ich es ihnen an deiner Stelle sagen. Der Glaube wird ihnen das Wissen schenken, die Liebe sie die Wahrheit lehren.«

Danke, Vater. Ich wußte, daß ich mich auf dich verlassen kann. Erleichtert mich ungemein. Äh ... Vater, nur noch eins, bevor du dich anderen Aufgaben zuwendest.

»Bestimmt geht es darum, daß du wissen möchtest, warum deine Eltern nicht lesen und schreiben gelernt haben.«

Genau, Vater. Können denn nicht alle Menschen lesen und schreiben?

»Leider nicht. Vielen ist es versagt, die Schule zu besuchen. Sie werden davon abgehalten, etwas zu lernen, damit sie unwissend bleiben und habgierige Menschen *meinen,* sie für ihre Zwecke ausnutzen zu können. In Wahrheit jedoch fürchtet manch einer das Wissen anderer. Wenn der Mensch begreift, daß mein Sohn nicht mit einer Feder geschrieben, sondern seine Botschaft den Menschen ins Herz gelegt hat, wird er erkennen, daß alles Wissen aus dem Herzen kommt und nicht aus dem Verstand. Herzensbildung hängt nicht davon ab, ob man lesen und schreiben kann.«

Besitzen meine Eltern Herzensbildung, Vater?

Vater lächelt. »Sie sind meine Kinder, und nicht von ungefähr habe ich sie zu deinen Eltern auf Erden bestimmt. Ich habe ihnen die Gnade des gesunden Menschenverstands und der Liebe zuteil werden lassen. Allen meinen Geschöpfen habe ich Instinkt mit auf den Weg gegeben, George. Baut nicht der Sperling sein Nest so, daß es vor Sturm geschützt ist? Und doch nimmt er einen eher untergeordneten Rang ein, während der Mensch die Krone meiner Schöpfung darstellt.«

Wie beweist sich Herzensbildung, Vater?

»In der Nächstenliebe. Nächstenliebe besänftigt, tröstet die Trauernden, besiegt das Böse. Wer seinen Nächsten liebt, trägt mich im Herzen.«

Dann ist Nächstenliebe also das Gleiche wie Liebe?

»Nächstenliebe ist der wahre Geist der Liebe. Das Holz, das das Feuer des Herzens schürt.«

Demnach brauche ich mir keine Sorgen zu machen?

»Irrtum, George.« Vater lächelte. »Hast du etwa vergessen, daß du meinen Auftrag erfüllen sollst?«

Ach, du Schreck! Ein Engel zu sein, wird von Tag zu Tag schwieriger!

Jim. Wo bist du, Jim? Ich brauche einen Finger, an dem ich mich festhalten kann.

Und wer Seine Gebote hält, der bleibet in Ihm
und Er in Ihm. Und daran erkennen wir,
daß Er in uns bleibet, an dem Geist,
den Er uns gegeben hat.
Joh. 3, 24

Sechzehnter Tag

»Nichts los heute«, hat Susan soeben geäußert, erleichtert übrigens. Wie naiv sie gelegentlich ist! Wo Vater doch gesagt hat, daß niemals nichts los ist. Für ihn ist ein Tag gleichbedeutend mit tausend Erdentagen, und entsprechend viel hat er in seinem grenzenlosen Königreich zu tun. Wie er das alles schaffe, ginge über den menschlichen Verstand hinaus, hat er gesagt und amüsiert hinzugefügt: »Sie haben ihre Last mit der Vorstellung, daß ich allgegenwärtig, allwissend bin, weil sie mir die gleichen Grenzen zuweisen, die sie der Schöpfung auferlegen. Oft scheint mir, daß ihre ›wissenschaftliche‹ Suche nach Wahrheit, nach Erklärung der Schöpfung, gar nicht auf die imaginäre Himmelsmauer abzielt, sondern auf die Körperlichkeit meiner Existenz, meine Macht. Gelegentlich frage ich mich, ob sie möglicherweise danach trachten, mir meine Existenz abzusprechen. Immer wieder hört man sie sagen: ›Wenn man nur herausfände, wie es sich in Wahrheit verhält ...‹ oder ›Meine Theorie vom All ist ...‹ Dabei steht die Wahrheit ein für allemal fest. Theorie ist etwas, worüber ich nur lachen kann, vor allem im Zusam-

menhang mit dem All.« Vaters Gelächter ließ den Baby-Himmel erzittern.
»Es bedarf keiner besonderen Intelligenz dahinterzukommen, daß das All grenzenlos ist. Was mich außerdem stört, ist, daß sie mich ›interpretieren‹. Das nehme ich ihnen wirklich übel. Als ob sie mir vorwerfen wollten, ich verstünde nicht, meine Gedanken zum Ausdruck zu bringen! Nichts dagegen, wenn sie mich als die Güte selbst ansehen – aber mich andererseits als Buhmann hinzustellen und meine Gebote zu mißachten, ist eine schwere Sünde. Da habe ich zum Beispiel gesagt, ›Du sollst nicht töten‹. Gewiß, der Mensch hat das Recht, sich gegen einen Angriff auf sein Leben zu schützen, und in einem solchen Fall gilt mein Gebot mit entsprechenden Einschränkungen. Aber der Mensch tötet ja bereits, wenn es darum geht, sein Eigentum zu beschützen oder das zu verfechten, woran er glaubt. Und um sein Tun zu rechtfertigen, ersinnt er dann alle möglichen Ausflüchte. Dennoch sage ich nochmals: ›Du sollst nicht töten‹.«
Meinte daraufhin ein kleiner Engel doch wirklich und wahrhaftig: »Vater, vielleicht solltest du die Gebote für deine Kinder noch einmal neu abfassen.«
Worauf Vater in sich hineinlachte. »Gar nicht so abwegig ... mit jeweils einem großen Absatz dazwischen.«
Dann wandte sich Vater an einen Schutzengel: »Kind, welches ist der Beweis meiner Allgegenwart, meiner Allwissenheit?«
»Der Glaube, Vater.«
»Und was noch?« hakte Vater nach.
»Daß du *bist.*«

»Genau. Gut gesprochen, Kind. Ich bin. Auf Erden würde man sagen: »*Ich bin* ... ob dir das nun paßt oder nicht.«

»Wie war das eigentlich«, begehrte ein Baby-Engel von Vater zu wissen, »als du, wie geschrieben steht, ruhtest? Hast du damals deine Schöpfung sich selbst überlassen?«

Vater lächelte. »Ich ruhe, wie eine Mutter mit einem Neugeborenen ruht – stets mit einem offenen Auge.«

Und dann kam Vater auf Ereignislosigkeit zu sprechen. »Nichts, was auf dem Kosmos geschieht, verdient, nicht beachtet zu werden. Ich kann aus nichts etwas Bedeutsames machen, tue das auch. Das ist ein Teil meiner Macht. Das Leben hält für den Menschen eine Fülle von beglückenden Ereignissen bereit, er muß nur die Augen offenhalten. Was mich betrifft, so sind meine Tage abwechslungsreich genug. Die Hilferufe der Menschen halten mich auf Trab, selbst die, die ich bereits erhört habe, dringen weiterhin zu mir. Als kleines Beispiel wäre da das flehentliche Gebet eines durchaus gottesfürchtigen Mannes zu nennen, der im Westen eines so gewaltigen Berges lebte, daß sich die Sonne erst um die Mittagsstunde, erdzeitlich gesprochen, blicken ließ. Der Mann bat mich inständig, ihm zu helfen, den Berg zu versetzen, damit die Sonne bereits morgens auf sein Haus scheint. Na ja, allwissend wie ich bin, hielt ich es für das Beste, wenn er aus dem Schatten des Berges wegziehen würde – er aber bestand darauf, daß ich ihm helfe, den Berg zu versetzen. Um seine Liebe zu mir zu belohnen, erhörte ich sein Gebet. Die Zeit verstrich. Der Berg blieb, wo er war. Und der Mann bekniete mich weiterhin, den Berg zu versetzen.

Schließlich ließ ich ihn wissen, ich hätte sein Gebet längst erhört und ihm eine ...«

»Schaufel gegeben!« quiekte ein Baby-Engel entzückt.

Vater zwinkerte ihm zu. »Fast, Kind«, lächelte er. »Wie ich schon sagte, handelte es sich um einen gottesfürchtigen Mann. Deshalb hab ich ihm einen Bulldozer geschickt. Das ist eine Maschine, mit der man sehr viel leichter als mit einer Schaufel Berge versetzen kann.«

»Heißt das, Vater«, fragte ein anderer Baby-Engel, »daß die Menschen häufig um etwas bitten, was sie bereits haben?«

»Ja.«

»Worum sollte der Mensch dann bitten, Vater?«

»Daß er lernt, seinen Verstand zu gebrauchen und darüber hinaus mit seinem inneren Auge zu sehen, auf sein Herz zu hören. Ich bin sein inneres Auge. Um sehen zu können wie ich, muß der Mensch unaufhörlich Kontakt zu mir suchen – durch das Gebet.«

»Verstehe, Vater«, sagte derselbe Baby-Engel. »Er soll darum beten, deinen Willen zu erkennen. Warum weiß ich, ein Baby-Engel, um diese Dinge, die der Mensch nicht zu begreifen scheint?«

»Weil du rein geistig bist, Kind. Du bist Geist ohne menschliche Gestalt.«

»Gibt es denn Menschen, die mit deinem inneren Auge sehen können, Vater?«

»Viele. Sie werden auf Erden als Menschen erachtet, sind aber in Wahrheit Engel in menschlicher Gestalt.«

»Sind das die Armen, Vater?«

»In denen verkörpert sich mein menschgewordener Sohn.«

»Ist es deinen Engeln auf Erden gegeben, all deine Wunder zu schauen?«
»Wer einen Sonnenuntergang betrachtet oder mit staunendem Lächeln das Gesicht eines Kindes, wer dasitzt und dem Gesang der Vögel lauscht ..., der ist eines meiner Kinder, das begriffen hat, was das Leben an Überraschungen und Ereignissen bereit hält.«
So vieles ließe sich noch von den Wundern berichten, die Vater vollbringt! Aber da sind ja Jim und Pat. Die Zeit ohne sie ist mir durchaus nicht lang geworden. Ich habe ruhig dagelegen und das Wunder der Glühbirne bestaunt. Dabei spreche ich so gern über das, was Vater mich gelehrt hat.
Eine Berichtigung: Susan ist nicht naiv, von wegen. War unüberlegt von mir. Wie ihre Bemerkung wohl auch. Ihr und ich, wir verstehen schon, wie das gemeint war, als sie sagte, daß heute nichts los ist.
»Hallo, Big George«, sagt Jim. »Na, was macht denn unser Engelchen so?«
Na ja, Jim, ich lieg einfach hier und freu mich über alles, was sich um mich herum ereignet.
Jim strahlt mich an. »Meiner Meinung nach bist du eines der größten Ereignisse der Schöpfung überhaupt.«

Wer nun sich selbst erniedrigt wie
dies Kind, der ist der Größte im Himmelreich.
Matthäus 18, 4

Siebzehnter Tag

Spüre ich da etwa Mutter?
»Schätzelchen, Mama ist hier. Und Daddy auch. Wir haben dich sehr lieb.«
Ich habe euch beide auch sehr lieb.
»Du wirst von uns gehen, George. Wir wissen, daß du von uns gehen wirst. Gott will es so, und wir fügen uns seinem Willen.«
Sei gesegnet, Mutter.
Vater, darf ich Mom und Dad verraten, daß ich ein Engel bin? Nicht etwa, um mich aufzuspielen, sondern um sie zu trösten.
»Das liegt ganz bei dir, mein Kind.«
Liegt ganz bei mir? Mal scharf überlegen. Es heißt, ich hätte anderen Eltern Kraft gegeben, ... nicht als Engel, das können sie gar nicht wissen, sondern als menschliches Wesen.
Vater läßt seine Engel menschliche Gestalt annehmen, damit der Glaube im Herzen verwurzelt bleibt und nicht vom Verstand geleitet wird. Wenn nun mein Geheimnis offenkundig würde, würde der Glaube an die Liebe Gottes sich mehr auf meine Engelhaftigkeit begründen und weniger auf mein Menschsein. Meiner Meinung nach ist Va-

ter jedoch daran gelegen, daß der Mensch die Kraft der Liebe nicht nur durch ein göttliches Zeichen, sondern insbesondere durch seinen Nächsten erfährt. Also: Ich gebe mich lieber nicht als Engel zu erkennen. Ich spüre, wie Vater mir zulächelt. Meine Entscheidung ist demnach in seinem Sinne.

»Sharon, Gott wird uns bestimmt noch ein Baby schenken.«

»Bestimmt, George. Trotzdem läßt mich der Gedanke nicht los, daß unser Junge etwas ganz Besonderes ist. Alle hier haben ihn lieb. Wie tapfer er ist, sagen sie. Miss Susan hält ihn für einen Engel. Und erst Mr. Jim und seine Frau! Solch nette Leute sind mir noch nicht untergekommen. Sie scheinen George genauso gern zu haben wie wir. Vielleicht ist er ja wirklich ein Engel, George. Ein Engel, den uns Gott geschickt hat, damit wir alle Freunde werden. Könnte es sich nicht so verhalten, George?«

»Ach, Sharon, jetzt geht aber deine Phantasie mit dir durch. Wir sind doch nur einfache Leute vom Lande. Wenn der Herrgott einen Engel schickt, sucht er sich dafür bestimmt jemanden aus, der würdiger ist.«

»George Hawkins! Joseph und Maria waren auch einfache Leute!« Mutters Stimme war liebevoll-energisch.

»Schon gut, Sharon, mag ja sein, daß er was von einem Engel hat. Feststeht, daß er zumindest wie einer aussieht.«

Vater, du schummelst! Du hast es ihnen verraten!

Mutter küßt mich. Dann Dad.

Der schönste Tag meines Lebens. Ich werde mich in alle Ewigkeit daran zurückerinnern.

Und er sprach zu ihr:
Dir sind deine Sünden vergeben.
Lukas 7, 48

Achtzehnter Tag

Nachdem Mutter und Vater gestern abend gegangen waren, besuchte mich ein Schutzengel. Ich freute mich, ihn zu sehen. Der Abschied von meinen Eltern schmerzte, zumal ich weiß, daß es eine Weile dauern wird, bis sie mich wiedersehen, während für mich die Zeitspanne, bis ich mit ihnen für immer vereint bin, nicht mehr als einem väterlichen Augenzwinkern entsprechen dürfte. Allein schon deshalb verschonte ich den Erzengel, der übrigens Markus hieß, mit Vorwürfen; außerdem steht es einem Engel mit Spezialauftrag nicht gut an, sich zu beschweren. Das ist unhimmlisch. Markus jedenfalls begnügte sich damit, mir zuzulächeln. Was soviel hieß wie: Wollte nur mal kurz nach dir schauen.

Jim und Pat sind essen gegangen. Ich lebe laut Jesus davon und dafür, den Willen dessen zu erfüllen, der mich gesandt hat, und dessen Weisungen auszuführen.

Alles ist friedlich, nur die Babies auf der Säuglingsstation quäken vor sich hin. Dieses ewige Weinen und Essenmüssen macht mir zu schaffen, obwohl man mir versichert hat, nur weil ich noch nie Nahrung zu mir genommen und niemals geweint habe, bedeute das keineswegs, daß ich das Leben als Mensch nicht voll und ganz ken-

nengelernt hätte. Wie dem auch sei – ich möchte jedenfalls nichts auslassen, um mir nicht meine Beförderung zum Engel mit Flügeln zu verscherzen.
Ich höre etwas an der Tür. Etwa Jim und Pat, die vom Mittagessen zurückkommen?
»Gleich hier drüben.« Nein, das ist Susan, mit noch jemandem. Wer immer das ist, weint. Klingt wie das Schluchzen einer jungen Frau. »Janie«, sagt Susan, »das ist deine Mutter ..., aber das brauche ich dir wohl nicht eigens zu sagen, hm? Na, kommen Sie schon, Linda, nehmen Sie Ihre Tochter ruhig in den Arm.«
Danke, Vater, du machst mich unendlich glücklich.
»Ich ... ich wollte dich nicht im Stich lassen ... Wie haben Sie mein Baby genannt?«
»Janie. So nennen wir die Findelkinder. Sie können ihr aber auch einen anderen Namen geben. Ist doch Ihr kleines Mädchen.«
»Janie gefällt mir. Glauben Sie, ich darf sie behalten?«
»Anzunehmen«, sagt Susan, »sonst hätte die Polizei Sie wohl nicht hergebracht. Daß Sie die Kleine gesucht und damit riskiert haben, ins Gefängnis zu wandern, zeigt doch, daß Sie sie sehr lieb haben. Doch, ich denke schon, daß Sie sie behalten dürfen.«
»Ich werde sie nie wieder allein lassen, Ma'am. Ich hoffe nur, daß Gott mir verzeiht, was ich getan habe.«
Wie heißt sie doch gleich wieder? Ach ja, Linda. *Linda, Vater vergibt denen, die seine Vergebung erflehen. Vater liebt alle Menschen. Er selbst hat gesagt, er sei unfähig,* nicht *zu vergeben,* nicht *zu lieben.*
Im Baby-Himmel hat er das seinerzeit deutlich gemacht.

»Wenn ich Liebe bin«, hat er gesagt, »wie kann ich dann hassen? Wenn ich Erbarmen bin, wie kann ich nicht vergeben? Der Menschensohn hat klar und unmißverständlich erklärt, wer ich bin. Ich bin der liebende Gott. Ich liebe meine Feinde. Ich zeige Erbarmen mit denen, die mich beleidigen und verfolgen. Ich tue Gutes denen, die mich hassen. Wie ein guter Vater ein Vorbild ist, so bin auch ich Vorbild für meine Kinder. Liebe findet keinen Trost in Haß oder Rache. Meine Tränen sind der Trost auf den Wunden meiner Kinder. Die gefallenen Engel existieren nicht aus eigener Kraft, sondern durch mein Erbarmen, so wie ein unartiges Kind weiterhin Böses tut, weil es neben der Liebe, die ich bin, um die schützende Hand seiner Eltern weiß. Liebe ist unfähig, Verfehlung durch Verfehlung zu entgelten. Lieben heißt, immer wieder verzeihen.« Linda darf sich Vaters Liebe und Vergebung sicher sein. Sie wird, das ist mir sonnenklar, ihrer kleinen Janie eine gute Mutter sein.

Soeben sind Jim und Pat zurückgekommen. Sie sind glücklich, daß diese Mutter zu ihrem Kind zurückgefunden hat. Bleibt zu hoffen, daß, sobald sie mit ihren gegenseitigen Freudenbekundungen fertig sind, Jim an mein Bettchen tritt und mir meine Tagesration Fingerkontakt zukommen läßt.

Alle eure Dinge lasset in der Liebe geschehen.
1. Korinther 16, 14

Neunzehnter Tag

Heute piepse ich häufiger. Das Licht kommt und geht, und immer mal wieder schaut ein bestimmter Schutzengel vorbei. Manchmal kann ich nur sein Gesicht ausmachen, dann wieder spüre ich ihn in seiner Gänze – wenn er erscheint, um eins meiner Geschwister in den Himmel zu begleiten. Irgendwie meine ich, mich vom Baby-Himmel her an diesen Schutzengel zu erinnern, als würde ich ihn gut kennen, aber in welchem Zusammenhang, bleibt mir unklar.

»Jim, ich weiß nicht, wie lange ich das noch durchhalte.« Das ist Pat. Die Ärmste, »Dieses kleine Mädchen heute morgen war das sechsunddreißigste Baby, das, seit wir hier sind, gestorben ist.«

»Möchtest du mit Kathy und Beau nach Hause fahren? Ich bleibe dann eben allein bei Jalil.«

»Kommt nicht in Frage. Ich bin einfach nur erschüttert, wie Gott so etwas zulassen kann.«

»Liebes, meiner Meinung nach hat das mit Gott nichts zu tun. Denk doch nur, wie es bei Jalil war – wenn ich dich und die Mädchen zu Hause gelassen hätte, wäre dies alles nicht passiert. Aber nein, ich mußte ja darauf bestehen, daß ihr mich auf dieser Reise begleitet. Es ist meine Schuld, daß Jalil hier ist. Nicht deine. Nicht die von Gott. Einzig und allein meine.«

»Hör endlich auf, dir Vorwürfe zu machen, Jim. Ich wollte unbedingt mit, zumal Dr. Stevens aufgrund des Sonogramms nichts dagegen einzuwenden hatte.«
Wenn sie mich nur hören könnten! Zu diesem Punkt hätte ich durchaus etwas anzumerken. Nämlich daß, wie ich zu wissen glaube, Vater es so eingerichtet hat, daß Jim und Pat und Jalil mit mir zusammentreffen. Und in puncto Schuld hat Vater gesagt, daß es ihn bekümmert, wenn sich seine Kinder nicht richtig verhalten und sich anschließend in Selbstvorwürfen ergehen, ob gerechtfertigt oder nicht. Wenn allerdings einem kleinen Kind etwas zustoße, dann sei dies in der Tat verwerflich. Ich habe mal mitbekommen, wie er einen ausgewachsenen Engel darauf hingewiesen hat, daß Mütter und Väter ihren Kindern gegenüber große Verantwortung haben, vom Zeitpunkt der Empfängnis an. Der Körper ist Vaters Tempel auf Erden, und entsprechend zornig wird er, wenn seinem Tempel Schaden zugefügt wird. Weil dies nicht nur eine Gefahr für die im Mutterleib heranwachsenden Kleinen bedeutet, sondern auch für die Mutter selbst, über die Vater die Hand hält. Und daß, wenn ein Mensch seinem Körper etwas zuleide tut, dies nicht ihm, Vater, oder sonstwem anzukreiden ist, sondern einzig und allein auf unüberlegtem Handeln beruht, auf einer Mißachtung des Verstandes, der dem Körper innewohnt.
»Ich habe sie mit einem freien Willen ausgestattet«, sagte Vater. »Wenn einer meint, er müsse einen gefährlichen Berg erklimmen, nur weil es ihm Spaß macht, und dann abstürzt und sein Körper zerschmettert wird, dann trägt er allein die Verantwortung dafür, nicht ich. Das gleiche gilt

für den, der, weil er nicht auf seinen Weg achtet, von einem Lastwagen überfahren wird.« Vater sagte weiterhin, wir sollten ihn nicht herausfordern, das heißt, uns nicht mutwillig in Schwierigkeiten begeben und dann von ihm erwarten, daß er uns heraus hilft, in die wir durch eigenes Zutun geraten sind.

»Aber du hilfst ihnen doch häufig genug heraus«, warf ein Baby-Engel ein.

Und Vater erwiderte betrübt: »Ich weiß ... Um sie in ihrem Glauben zu bestärken, bleibt mir gelegentlich nichts anderes übrig, als ein Wunder zu vollbringen.«

Kurzum, ich habe Grund zu der Annahme, daß weder Jim noch Pat etwas dafür können, daß Jalil hier ist. Wie ich aus Gesprächen zwischen Jim und Pat mit dem Personal und untereinander gehört habe, sind allerlei merkwürdige Dinge passiert. Zum Beispiel, daß Jalil ausgerechnet in dieser Klinik landete. Dann sein Name – Jalil. In einer Sprache auf der anderen Seite der Erde bedeutet er neben ›großer Freund‹ auch ›Jesus‹. Der Krankenwagen, der Jalil herbrachte, hieß ›Engel Eins‹. Meine Eltern sind nicht reich, Jim und Pat dem Vernehmen nach einigermaßen wohlhabend. Dabei handelt es sich bei diesem Krankenhaus um eine Wohlfahrtseinrichtung für mittellose Patienten. Wenn Jim und Pat als wohlhabend angesehen werden können, warum ist Jalil dann hier? Außerdem: Sowohl Ärzte wie auch Schwestern hatten damit gerechnet, daß Jalil und ich sofort wieder in den Himmel zurückkehren – und doch sind wir beide noch immer hier, neunzehn Erdentage später ...

Piep!

»Susan! Big George wieder!«

Schon gut, Jim – falscher Alarm.

Wo waren wir stehengeblieben? Ach ja – die Klärung der Eigenverantwortlichkeit. Also wenn ihr mich fragt: Ich glaube, daß Jalil und Jim und Pat etwas mit der Botschaft zu tun haben, die ich in Vaters Namen übermitteln soll. Und daß Jalil nicht zufällig diesen Namen trägt – er soll mich daran erinnern, daß Jesus einst in Menschengestalt auf der Erde weilte. Nein, ein neuer Jesus ist Jalil bestimmt nicht. Den gibt es nur einmal.

Da Vater um die Schwäche des Menschen, gern zu dramatisieren, weiß, hat er bestimmt Jalil und Engel Eins und andere »Zufälligkeiten« ganz geschickt als Umfeld für meine Botschaft arrangiert.

Piep piep!

Psst! Ich werde nicht eher in den Himmel zurückgehen, als bis Vater das Zeichen gibt, also mach *Piep! Piep!* solange du willst – damit erreichst du gar nichts. Ich habe nicht vor, mich dadurch aus der Ruhe bringen zu lassen, auch wenn Jim, sobald der Piepser Alarm schlägt, seine Hand wegzieht. Befürchtet er, mir wehzutun?

Täusch ich mich oder was? Ich spüre, wie Jims Finger über meine Hand streichelt.

Was ihr bitten werdet in meinem Namen,
das will ich tun.
Joh. 14, 14.

Zwanzigster Tag

»Hallo, George.«

Was tust du denn hier, Jesus?

»Ich bin gekommen, dich auf deine Heimkehr ins Paradies vorzubereiten. Vater ist sehr zufrieden mit dir.«

Aber ich habe nichts bewirkt, Jesus. Ich habe Vaters Auftrag nicht ausgeführt, obwohl ich es mit meinem ganzen menschlichen Herzen und Engelsverstand versucht habe.

»Nichts bewirkt, George? Du hast die Herzen der Menschen mit Liebe erfüllt. Ist das etwa nichts?«

So wenige Herzen, Jesus. So wenige.

»Aus einem Samenkorn wächst ein Wald, Kind.«

Jalil ... Jesus, darf ich dich um etwas bitten?

»Alles, worum du mich in meinem Namen bittest, werde ich dir geben. Was möchtest du denn, Kind?«

Gestatte Jalil, bei seinen Erdeneltern zu bleiben. Mach ihn gesund.

Jesus lächelt. »Jalil wird viele Erdenjahre erleben, George. Es ist Vaters Absicht, daß er hierbleibt. Durch Jalil und dich wird Jim in seiner Liebe bestärkt werden. Auch wenn viele Erdenjahre vergehen müssen, bis er versteht, daß Vater etwas Besonderes mit Jalil und dir vorhatte. Wenn dein Bruder erscheint, um dich zu mir ins Paradies zurückzugeleiten, wird Jim erst einmal annehmen, er hätte dich nicht ausreichend geliebt.«

Was?! Jim doch nicht! Jim liebt mich aus ganzem Herzen, Jesus. Das darf doch nicht sein!

»Es muß sein, Kind.«

Warum, Jesus, warum nur?

»Für deine menschliche Seite dürfte das nur schwer zu verstehen sein, George, da geht es dir nicht anders als den anderen Erdenbürgern auch. Dennoch will ich versuchen, es dir zu erklären. Wenn es keine Probleme gibt, wenn, wie wir im Himmel sagen, alles golden ist, fällt es dem Menschen leicht, seine Mitmenschen zu lieben. Wahre Liebe auf Erden jedoch beinhaltet, daß man seinem Nächsten wie auch Vater in guten, und erst recht in schlechten Zeiten in Liebe begegnet.«

Heißt das, daß Vater Jim auf die Probe stellt?

Jesus berührt mein Gesicht, lächelt beschwichtigend.

»Nein, mein Kleiner. Sagen wir, Vater hilft Jim zu erkennen, daß er dich nicht nur sehr lieb hatte, sondern daß er dich sogar mehr liebte als sich selbst. Und dies ist die größte Liebe überhaupt, Kind: den Nächsten zu lieben, ohne an sich selbst zu denken. Jim muß lernen, seine Zweifel zu überwinden; sie sind völlig unbegründet.«

Wird er sich quälen, solange er dies nicht erkennt?

Jesus beugt sich über mich, küßt mir die Stirn.

»Die Liebe wird ihn alles geduldig ertragen lassen, Kind.«

Ich liebe dich, Jesus.

»Ich weiß, George. Und jetzt kehre ich zu Vater zurück.«

Muß das sein, Jesus?

»Hör mal, du Knirps, du hast doch die Botschaft richtig

verstanden, ja? Fürchte dich nicht, denn ich bin immer bei dir.«

Mein kleines »Ich« errötet. Darauf also wollte Jesus hinaus! Daß es nämlich nichts, absolut nichts gibt, wovor wir Angst zu haben brauchen – weder Jim noch ich, und ihr auch nicht –, weil Jesus immer bei uns ist. Jims Vertrauen in Gott wird belohnt werden – er *weiß* es.

Jetzt verstehe ich, Jesus.

»Gut. Ich sehe dich bald im Paradies wieder ... Oh, fast hätte ich es vergessen – ich soll dir etwas von Vater ausrichten.«

Was denn, Jesus?

»Laß ab von deinem Verlangen, andere mit scharfen Gegenständen stechen zu wollen.« Jesus zwinkert. Ich kichere. Er wird Licht.

Von Schmerzen übermannt, verschläft mein kleines »Ich« den Rest des Tages.

Die Rückkehr

... daß Gott Licht ist, und in ihm
ist keine Finsternis.
Joh. 1, 5

Einundzwanzigster Tag

Jesus ist ein Mann, der sein Wort hält.

Hoffentlich tauchen Jim und Pat bald auf! Wie werden sie sich freuen, wenn sie die gute Nachricht erfahren! Heute morgen, als Susan hereinkam, herrschte eitel Fröhlichkeit: Jalil atmet, wie nicht anders zu erwarten, zum erstenmal weitgehend selbständig. Alle sind schier aus dem Häuschen. Nichts vermag die Menschen so zu beflügeln wie ein Wunder. Na, wer sagt's denn – da sind Jim und Pat ja schon.

»Guten Morgen, Susan«, sagt Jim. »Sie sehen aus, als hätten Sie eine Flasche Sonnenschein getrunken. Gibt's was Neues über unseren Sohn zu berichten?«

Diese Frage hat Jim jetzt zwanzigmal gestellt. Ich kann Susans strahlendes Lächeln spüren. »Ich habe allen Grund, bester Laune zu sein. Sehen Sie selbst. Bei Jalil ist in der vergangenen Nacht urplötzlich eine Wende eingetreten. Darlene und den diensthabenden Ärzten zufolge hat sich sein Zustand zusehends gebessert. Spontane Remission, wie wir das nennen. Dr. Miles sagt, so etwas sei ihm noch nicht untergekommen. Innerhalb weniger Stunden konnte die Sauerstoffzufuhr, und damit die künstliche Beatmung, auf 25 Prozent gedrosselt werden.

Normalerweise dauert es, sobald ein Kind selbständig zu atmen anfängt, einen Tag, bis die unterstützenden Maßnahmen so weit eingeschränkt werden können. Wirklich ein Wunder – anders kann man das nicht bezeichnen. Mit Ihrem Sohn geht es jetzt steil aufwärts.«

Pat weint. Es klingt anders als sonst. Wie glücklich gurrende Täubchen oder so. Schwer zu beschreiben in der Erdensprache. Laute, die man eher im Himmel hört.

»Schau nur diese blauen Augen, Liebes«, sagt Jim. »Ich glaube, er guckt dich an. Und wie geht es Big George, Susan?«

Ich spüre menschlichen Kummer. »Er ... er hat eine schlimme Nacht hinter sich. Darlene sagt, es sei ihr unbegreiflich, daß er durchgehalten hat. In dem Tempo, wie es mit Jalil aufwärts ging, ging es mit Big George bergab. Dr. Miles will die Eltern anrufen und sie herbitten. Es steht zu befürchten, daß der Kleine nur noch wenige Stunden zu leben hat.«

Ich fühle Michael näherkommen; meine himmlischen Sinne sind wieder stärker ausgeprägt. Meine Eltern auf Erden werde ich zu gegebener Zeit im Himmel wiedersehen.

»Keinerlei Hoffnung, Susan?« fragt Jim.

»Wer kann das schon sagen, Jim? Daß Jalil durchkommt, hätte doch auch niemand gedacht. Der erste derart schwerkranke Säugling in dieser Klinik, der es packt. Das läßt uns auch für alle anderen Kinder hoffen. Die Liebe hat ein Wunder bewirkt.« *Vater ist Liebe, Susan.*

»Komm ins Licht, kleiner Bruder.« Michael ist da.

Ehe ich meine menschlichen Augen schließe, sehe ich noch, daß sich Pat und Susan in den Armen liegen. Woran ich vor allem sehnsüchtig zurückdenken werde, sind die Umarmungen, die mein kleines »Ich« niemals erfahren durfte.

»Ich bleib ein Weilchen bei ihm«, sagt Jim. »Au!« schreit er gleich darauf auf.
»Was ist denn, Jim?« fragt Pat.
»Ich ... keine Ahnung. Ich wollte auf Big George zugehen, und da erhielt ich ... ich spürte so etwas wie einen Schlag, einen elektrischen Schlag. Hat nicht wehgetan, höchstens ein bißchen gekitzelt. Sonderbar.«
Ich schmunzle in mich hinein. Jim soll nicht wissen, daß ihn soeben ein Engel geküßt hat.
Piep!
»Komm, Bruder«, sagt Michael.
Piep! Piep!
»O Gott! Nein!« Jim ... Lieber, lieber Jim.
Piep! Piep! Piep! Piep! Piep! Piep!
Die Schmerzen, die ich als Mensch verspürt habe, sind wie weggeblasen. Das Licht ist mein Leben, meine Glückseligkeit, meine Erlösung und die aller Seelen, und ich bin Geist. Michael nimmt mich bei der Hand.
»Bin ich jetzt ein richtiger Engel, Bruder? Mit Flügeln und so?«
Michaels Lächeln sendet goldene Strahlen durch die morgendliche Wolkendecke über der Erde. Er gibt meine Hand frei, antwortet nicht. Unwichtig. Als wir den Himmel betreten und in der Helligkeit, die von Vater ausgeht, meine Flügel glitzern, weiß ich selbst, wie es um mich steht.

Ich bin das A und das O, der Anfang
und das Ende, spricht Gott der Herr.
Offenbarung 1, 8

Elisabeth Kübler-Ross

Kinder und Tod

ISBN 3-426-87199-8

In *Kinder und Tod* gewährt uns Elisabeth Kübler-Ross einen Einblick in die vielfältigen Erfahrungen, die sie im jahrzehntelangen Umgang mit sterbenden Kindern und deren Angehörigen gesammelt hat. Auf einfühlsame Weise beschreibt sie, was der Tod für Kinder bedeutet, welche Stationen todkranke Kinder durchlaufen und wie Eltern ihnen die Angst vor dem Sterben nehmen können.

Für alle, die ein sterbendes Kind begleiten oder mit dem plötzlichen Tod eines Kindes konfrontiert werden, ist dieses Buch eine unschätzbare Hilfe und ein großer Trost.

»Es gibt Tausende von Kindern, die den Tod kennen, weit über das hinaus, was Erwachsene wissen.«
Elisabeth Küber-Ross

Knaur MensSana

Elisabeth Kübler-Ross

Verstehen, was Sterbende sagen wollen

Einführung in ihre symbolische Sprache

ISBN 3-426-87015-0

Sterbende haben eine eigene Sprache. Vieles wird von ihnen nur noch indirekt ausgedrückt, durch Gesten, Blicke, vor allem bei Kindern auch durch Zeichnungen.

Die berühmte Sterbeforscherin Elisabeth Kübler-Ross beschreibt die Muster dieser symbolischen Sprache; sie helfen, die letzten Wünsche und Ängste sterbender Menschen zu verstehen.

Knaur
MensSana